恋爱中的卡夫卡

（法）雅克琳娜·拉乌–杜瓦尔　著

彭怡　译

海天出版社（中国·深圳）

目　录

菲丽丝·鲍尔

尤丽叶·沃里切克

米莱娜·延申斯卡

多拉·迪亚曼特

菲丽丝·鲍尔

一、菲丽丝

1912年8月13日至1917年10月16日

"只有把那东西高高地置于我头顶，让我够不着了，我才有可能爱上它。"

"我够不着它，我应该放弃，我的力量处于那样一种状态，它一边使劲，一边发出快乐的叫喊。"

——《致马克斯·布罗德的信》，1921年4月中旬

一见钟情

1912年8月13日，这个奇特的爱情故事开始的那天，时间已经不早，南风刮走了一团团浓雾，在布拉格倾泻了一整天的大雨也停了。现在，天上出现了星星，这是一个真正的夏夜。

老城的中心，奥布斯特大街空空荡荡，一个穿浅色衣服的男子步履匆匆，他戴着一顶草帽，没有穿西装背心。前面，裂开的路面之间积着一汪汪水，倒映着路灯的灯光。他像个跨栏运动员，跳过一个个水洼，越过一道道反光。这里，有一段精美的山墙；那里，有一个尖拱形的窗户和一个教堂门楣；这里有个使徒伸出手臂，那里有只鸽子突然惊飞。他越走越快，城市的景象在脚底下络绎而过。

可以听见他在轻哼"卢浮宫的花蕾"，那是雷奥尼·弗里蓬几天前在"维也纳城"酒吧唱过的歌。这个年轻人，胳膊下夹着一个红色的大信封，正前往他的朋友马克斯家，他常去那儿夜访。

他和马克斯·布罗德是1903年11月23日在大学里偶然认识的。他们都在读法学博士，同样都漫不经心。马克斯是年轻人当中的一个领袖，领导着一个学生团体，组织关于文学和哲学的讲座，那是他的爱好所在。一天晚上，他作了一个关于叔本华的报告，把尼采当做江湖骗子，论争由此而起，听众都为他鼓掌。当大厅走空时，一个年轻人走到他身边。不能说尼采是江湖骗子！这个陌生人几句话展开了他的观点，声音坚决，态度却有些羞怯。马克斯打量着这个比自己矮一个头的争辩者：这个人系着领带，上过浆的衣领直挺挺的，乌黑的眼睛闪亮闪亮。这优雅的着装和犀利的目光让他印象深刻，使他想起了陀思妥耶夫斯基作品中的一个主人公。这个颧骨高高、清癯英俊的大学生让他有些难堪，他自责喝多了啤酒，吃多了油腻的食物，缺乏运动。但他还没来得及回答，年轻人就消失了。那个幽灵般的人是从哪儿来的？我以前从未见过他，他没有参加任何组织，从来没发过言。可是，他读哲学家的著作比我们当中的任何人都认真。

第二天，马克斯收到了这个年轻人的一封信：对方向他道歉，但继续提出自己的批评，论点都经过严密的筛选，说话直截了当。马克斯保存了这封信。后来又来了十多封这样的信，其中有的还缀以小人像和用细线挂着的奇特的黑色木偶。

于是，这两个大学生成了形影不离的朋友。他们喜欢同样的书、同样的电影，都被电影艺术深深地迷住了。傍晚，人们常看见他们出城去郊外长时间地散步。晚上，他们一同去看表演，欢迎和支持意第绪①戏剧，一同出入咖啡馆。马克斯给他介绍了一些演员、年轻的小说家和诗人，他由此熟悉了城里最有趣的社团、剧团、小饭馆和音乐厅。

马克斯告诉他说自己在写作，但不敢把自己的作品给他看。他的这个朋友对文学的要求太高了，简直是苛刻，比对自己的生活要求还严格。他是个禁欲主义者，不喝酒，不喝茶，不喝咖啡，不抽烟，大冬天睡觉也要开窗，还在冰冷的河里游泳。他吃得极少，这也罢了，还对别人的文章无情地吹毛求疵：这种比喻让他对文学都绝望了；这个句子太臃肿；那个句子太虚假；这两个句子互相矛盾，就像舌头和牙齿打架一样！

"说话要实，不要来空的！"

他不断这样重复，听起来像是在念经。

"你说的空是什么意思？"马克斯问。

他的朋友回答说，用词要平实而具体，"前厅里有潮湿的石头的味道"，他一字一句地说，"句子应该这么写。"

1912年8月13日，我们这个奇特的爱情故事发生的那天，时间已不早，那个穿浅色衣服的年轻人，在老城追逐了一个个倒影后，按响了朋友家的门铃。

———————————

① 意第绪语为东欧和美国的犹太人使用的语言。——译注

"你知道不知道现在几点了？"马克斯很生气，都不愿给他开门。

"他总是迟到，"隔壁房间有人说，"只要他还是顽固地把手表拨后一个半小时，他到谁家都会迟到。亏他想得出来！把手表拨后一个半小时！"

年轻人笑了，他把自己的扁平的狭边草帽放在前厅，钻进与书房和一间小音乐室相同的餐室。马克斯的哥哥奥托正坐在钢琴前弹李斯特的B小调奏鸣曲，他们的母亲在打电话。布罗德先生在书架上找书。他们招招手，算是跟这个夜客打招呼。

餐室里坐着一个穿白衬衣的女子，正在独自进餐。看见她，这个年轻人迟疑片刻，然后径直走上去，伸出手，自我介绍道：

"我叫弗兰茨·卡夫卡。"

他在她对面坐下，紧盯着她

卡夫卡，一个颧骨高高、清癯英俊的大学生

看，看得那女孩低下头去，犹豫了一会儿才回答说：

"我叫菲丽丝·鲍尔。"

"您不是布拉格人。您从哪来？您是一个人出门？您在这里要待几天？您是怎么认识布罗德一家的？您工作吗？"

菲丽丝·鲍尔的精神松弛了，用同样的口吻连珠炮似的答道：

"我住在柏林。我是单身。我和布罗德家是亲戚。是的，我工作。我是卡尔·林斯特龙公司口述录音室的主管。我明天早上就走。回答满意吗？"

"对不起，我提的问题太多了。我能陪陪您吗？"

弗兰茨不等回答——其实对方也不会回答，就从自己的红信封里抽出一个小照相袋，把里面的东西都倒在了桌上。

"小姐，我能给您看看这些照片吗？是我和马克斯在魏玛拍的，我们去那里玩了几天。您为什么一个人在这张大桌子旁吃饭？"

"我回来晚了。我看戏去了，他们就不等我吃饭了。"

她不好意思地朝刚刚坐到她旁边的马克斯笑了笑。弗兰茨给她介绍一张照片：

"这是歌德的住宅，有14个窗朝着马路……"

"你数过？"马克斯大声地问。

"我喜欢歌德碰过的所有东西，真的是所有的东西。他的客厅，他的工作间，他那座由一个苦役犯用一棵巨大的橡树做的没有一个钉子的楼梯，他的中国瓷器，他的半身胸像，那是大卫·安格尔①的杰作，他的绿茵剧场，有两排观众席，甚至喜欢他的棺材上面布拉格的德国妇女们送的金色的月桂花环。"

他又选了另外几张照片：

"给门卫塞几个钱，我们什么都可以拍，甚至包括有床顶华盖的卧室。想看看吗？"

菲丽丝推开几乎没动的餐碟，认真地看着每张照片。

"牛肉要冷了。"马克斯提醒道。

"我最讨厌一天到晚吃个没完的人。"

一个女仆过来告诉正在书房看书的布罗德先生，说有电话找他。

他站起来，离开了书房。

"我呢，我最讨厌电话铃声。"马克斯抱怨道。

菲丽丝讲述了她在豪宅区的剧院看的轻歌剧《汽车上的女友》第一幕：

"我们一连听到15次电话铃声。有人在舞台上用同样的方式先后给15个人打电话。"

"幸亏我们家里的人不多。"马克斯说。

菲丽丝在继续看弗兰茨给她讲解的照片：

---

① 大卫·安格尔（1788–1856），德国雕塑家。——译注

"这是李斯特的住宅。他好像早上5点到8点工作，然后去教堂，回来再睡一觉，11点开始接待客人。在这张照片上，您可以看到席勒的房子。候见厅，客厅，工作间，卧室。对一个作家来说，这屋子太井井有条了。"

马克斯抓起一张弗兰茨想藏起来的照片。

"不如看看正在游泳的弗兰茨吧！跟他一起旅行真是受罪。每一程，我们都得找一家没有客人的旅店，周围要没有一只狗，没有一点声音，哪怕找几个小时。而且，离素食餐厅不能太远，旁边要有露天游泳池。要是哪天不游泳，不划船，不走路，他就活不下去。"

"你们经常在一起旅行？"

"是的，我们一起去过意大利。去布雷西亚看飞机，去米兰、里瓦，瑞士的卢加诺、苏黎世，还两次去巴黎。奥托也和我们一起去的，和我一同忍受我们这个天体主义者的种种怪癖。"

"您是个天体主义者？"菲丽丝大叫起来。

"算不上……我是个有游泳癖的人。说真的，今年夏天，在于特博格①的天体营，看到那些一丝不挂、毫无廉耻的人，我感到有点恶心。他们跑起来的样子可让人难受了！我

---

① 于特博格是德国勃兰登堡州泰尔托-弗莱明县的一个镇，位于努特河畔，距离柏林约65公里。——译注

也不喜欢在麦秆堆上面跳来跳去的那些老先生。"

三个人都笑了起来。

"那你们为什么还要去那里？"

"那些人与世无争，和大自然融为一体，在美丽的星光下睡觉，黎明时赤脚走在草地上，这太惬意了。"

马克斯向菲丽丝指着另一张照片：

"您看，弗兰茨和格蕾特站在韦特公园前吃樱桃。"

"格蕾特是谁？"

"看门人的女儿，很讨人喜欢。弗兰茨不分白天黑夜跟着她。承认吧，你爱上她了。你给她送巧克力、石竹花，一个心形的小东西，一条项链，还有什么？如果她对你献的殷勤有回应，你早就向她求婚了。"

马克斯看了看表：

"已经11点了，你的中篇小说的排序还没定下来呢，而你明天一大早非寄走不可。咱们坐下来定一下，让菲丽丝吃完她的晚餐。"

说着，他站起来，拿起弗兰茨面前的红色信封，从里面抽出一份手稿。菲丽丝惊讶地看着弗兰茨：

"您也写作？"

马克斯抢先回答：

"他只写作！写作是他存在的理由！他满脑子都是稀奇古怪的故事，如果不把它们写出来，他会发疯的。他就是文学本身。您没有读过他的任何作品？”

菲丽丝翻着布罗德先生扔在座椅上的一本歌德的书：

“没有，可我读过您的所有著作，马克斯，除了您的处女小说《诺纳皮格宫》，我无法读完它，尽管我尝试了好多次。”

弗兰茨垂头丧气地看着她。大家都不说话了，后来还是菲丽丝用平静的声音打破了这种沉默。

“我自己首先感到奇怪，我想有机会一定要再试试。”

马克斯把弗兰茨拉到一张桌脚又细又难看的三脚小圆桌边。

“干活吧！我们只剩下几分钟了。我有些建议，记在一张纸上了，放在哪儿了呢？”

他摸了摸自己的口袋，看看四周，发现它在壁炉的大理石台上。

“在那儿呢！我把《大路上的孩子》放首篇，之后是《到山里去旅行》和《如果我能成为印第安人》，最后放《不幸》。至于其他小说，我同意你安排的顺序。”

菲丽丝走到他们旁边：

“我很喜欢抄稿子，我有时在柏林也抄。马克斯，如果您能把它们寄给我，我将非常感谢。”

弗兰茨看着她：

“是想读稿子还是想抄稿子？”

"仅仅是想抄。"

弗兰茨在圆桌上猛拍一掌，大家都吓了一跳。

"弗兰茨，你同意我提出的排序了？我可以重新排列你的中篇小说吗？"

"我明天什么都不寄。"

"你又来了，真讨厌！每次出版，我都要跟你斗。为什么在最后一刻要拒绝？"

"因为没有理由发表一篇不完美的文章。我并不着急。人被赶出天堂，是因为他们缺乏耐心；他们太心急，所以回不去天堂。而且，我也不想让你的出版商再次失望。"

"可是，是他自己向我要你的文章的。就在昨天，打电话来的！我正式答应他说，你明天早上就会寄给他。你不能这样害我。"

"我曾问他，我的上一本书卖了多少册。11本。我自己买了10本，所以我很想知道是谁拥有了第11本《沉思集》。你的出版商为什么要出版卖不掉的东西？"

"因为他知道，将来有一天，他能卖掉上百本。你想让我提醒你，里尔克、韦弗尔①、海涅和穆齐尔②是怎么说

―――――――――――――

① 弗兰茨·韦弗尔(1890-1945)奥地利小说家、剧作家、诗人。——译注

② 罗伯特·穆齐尔（1880-1942）奥地利作家。他未完成的小说《没有个性的人》常被认为是最重要的现代主义小说之一。——译注

你的吗？先向我保证你明天就把这些作品寄出，否则就别想走。"

"去中央邮局，找14号窗的小姐，她最漂亮。"奥托插嘴说。

"要寄挂号。"马克斯说。

"我从来就寄挂号，不寄平信，甚至连明信片也挂号。"

奥托合上钢琴，蹲在火炉前。弗兰茨看着他，笑了，让菲丽丝替他做证：

"奥托总是按时睡觉，可我每次来访，他都跟火炉过不去。他是在以自己的方式提醒我该走了。他给我起了个外号，叫'妨碍睡眠专业人士'。有时，布罗德不得不全家人齐心协力地把我推出家门。今晚，我恐怕又耽误你们睡觉了，包括您。您明天早上几点走？"

"6点半。我还没有收拾行李，我想看完书以后再睡觉。"

弗兰茨笑了：

"您喜欢看书看得很晚？"

"有时看到天亮。"

"您是要回柏林？"

"不，我去布达佩斯，参加我姐姐的婚礼。您真的什么都想知道？"

布罗德太太介入了他们的谈话：

"菲丽丝在旅店里给我看了她准备在婚礼上穿的细布裙子。太漂亮了！"

菲丽丝站起来，弗兰茨看着她，眼睛一眨不眨：

"您穿的是布罗德太太的拖鞋？"

"是的。今天下了一整天雨，我得烤干我的靴子，不过，我习惯穿高跟拖鞋。"

"高跟拖鞋？多新鲜！"

她匆匆穿过走廊，跑到浴室里，砰的一声关上门。布罗德太太大声地说：

"菲丽丝真像一头羚羊！"

弗兰茨做了个鬼脸。马克斯走到朋友身边，低声地问：

"你觉得我们的这个柏林女孩怎么样？"

"没有魅力，缺乏吸引力。我到达这里的时候，她正在吃饭，我还以为她是个女佣。一张颧骨突出的脸，平淡无奇。鼻子有点塌，金发有点硬，穿得像个女佣，尽管我很快就发现她不是。她很果断，充满自信，强壮。好像……"

走廊里传来了声音，他止住话头，跑到菲丽丝跟前，从信封里抽出一本杂志给她看：

"菲丽丝小姐，我凑巧带了一期《巴勒斯坦》。"

菲丽丝伸出手，弗兰茨一把握住，拉到胸前。

"您知道这本杂志吗？我和马克斯准备明年去巴勒斯

坦。您愿意跟我们一起去吗？"

"这太不靠谱了……您在说笑吧？"

她把手抽回来。

"一点都不说笑，我从来没有这么认真过。"

"这种旅行可不是这样决定的，脑袋一发热说走就走！您懂希伯来语吗？"

"不懂，不怎么懂。我的曾外公，就是跟我同名的那个祖先，阿姆斯歇尔，是个著名的犹太教法典研究者。不过我学的是现代希伯来语。您去吗？我希望您能答应我。一个正式的允诺。"

"我不知道。让我好好想想，我要向老板请假。"

弗兰茨仍盯着她看。菲丽丝当着他的面戴上一顶米白色的遮阳宽边女软帽，用三根长针扎住。布罗德先生提出送她回旅店。

"我能跟你们一起走吗？"弗兰茨连忙说。

马路狭窄，铺着砖的路面高高低低，菲丽丝和布罗德先生并肩而行，弗兰茨跟着他们，奇怪地陷入了沉默。走到半路上，他在想，是否能到车站给这年轻姑娘买束鲜花。可在黎明时分，哪有花卖呢？不安、渴望和慌乱使他莫名其妙地在人行道上多次踏空，走到了车行道上。这时，大家已到佩尔街了，菲丽丝扭头问他：

"您住哪里？"

"您是想知道我的地址？"

他顿时一阵欣喜：她想给我写信，确认一起去巴勒斯坦旅行。

"您的地址？不，我只想知道，您回家的路是否真那么巧，跟我回旅馆同路。可别耽误您的事。"

"我一点都不急着回去。我睡得很少，我的夜晚由两部分组成：一部分是醒着，另一部分是失眠。"

菲丽丝继续和布罗德先生说话。弗兰茨不好意思地听着他们瞎聊，比较布拉格和柏林的交通。这会儿，布罗德先生又给了她一些旅行建议，一一列举着能买些东西吃的车站。菲丽丝说她准备去餐车吃早饭，并想找回几天前忘在车上的雨伞。

他们走进了一家豪华酒店，"蓝星酒店"的大堂。弗兰茨太慌张了，进旋转门时，和菲丽丝挤进了同一隔段，匆忙之中还踩了她的脚，语无伦次地连忙道歉。电梯门开时，大家互相道别。弗兰茨叫她别忘了他们的旅行计划，菲丽丝这时看见了门童，跟他说了很长时间的话，谈论次日如何坐车去车站，然后，大家再次告别。菲丽丝大声地说：

"您不会再次提醒我……"

弗兰茨打断她的话：

"不会不会，我还有最后一个问题：巧克力可以保存多长时间不坏？"

无爱之情

　　1912年9月20日，他给菲丽丝·鲍尔写了第一封信。信笺是工人保险公司的，他在那里任要职。一封两页的信，用打字机打的，他并不习惯用打字机，工作了6小时之后开始打。他提醒说他叫弗兰茨·卡夫卡，在布罗德家遇到过她，还商量着一起去巴勒斯坦旅行呢！万一她觉得自己没有理由作为他的旅伴、向导、累赘、暴君或其他的任何什么，他建议，在这之前，不妨试着通通信。他还说自己很不守时，同样，他也不期待别人天天给他写信。

　　最后的签署是："致以诚挚的问候。弗兰茨·卡夫卡博士。"（他是法学博士。）

　　这第一封信没有得到回复。

　　弗兰茨又写了第二封，是手写的。他有很多话要说：天气很好，很热，窗开着，他轻轻地唱着歌。他向菲丽丝·鲍尔解释说，整整5个星期，他都在乞求她在柏林的工作地址，因为他不是很肯定，他经常感到精神紧张，第一封信，他一连写了10个晚上，要把心里想的东西写出来，这太难了，弄得他夜不能寐。最后的署名是："您的弗兰茨·卡夫卡。"

信写了5页，菲丽丝还是没有回，但这两封信她都保存了起来。

弗兰茨决定要打破这个年轻女子的沉默，于是向她周围的人求救：马克斯和他的妹妹索菲·弗里德曼，索菲嫁给了鲍尔的一个表兄。他们写信给菲丽丝，把他们的这个朋友大大吹嘘了一番，说他前途无量，值得考虑。三个星期后，接到索菲的第二封信时，菲丽丝心软了。弗兰茨高兴坏了，对她说，这封信让他开心极了，他把手放在信上，希望能感觉到她真的是属于他了。

他马上就开始疯狂地写起信来。从10月23日他收到第一封回信起，到12月31日，他给她写了100封信，平均每天三封。

开始的那些信充满了甜言蜜语：

> "收到您的信时，我颤抖得像个疯子，浑身上下都抖个不停，我的心里只有您。"

卡夫卡给菲丽丝的信

"亲爱的菲丽丝小姐，现在是半夜一点半。我醒着的时候，没有一刻不在想着您。很多时候，我无法做其他事情。从我认识您的那天晚上起，我就感到胸前出现了一个洞，一切都在那里进进出出，好像在我身外呼吸。在我的心里，您与我的文学紧紧地连在一起。"

"今天，我同时收到了您的最后三封信。您真是太善良了。今天白天，我可能还会给您写好几封信。那就先再见了，只告别几个小时。"

口气变得越来越亲密，从起初的"小姐"变成了后来的"亲爱的菲丽丝小姐"，然后是"极亲爱的菲丽丝小姐"。11月14日，他竟然一口一个"亲爱的"了，竟然还敢以"你"称呼她。几天后，他又写道："亲爱的，宝贝，啊，你呀，我最亲爱的人；我的爱人，我回答你的问题：是的，那天晚上，在马克斯家里，一开始，从看见你的第一眼起，我立即就爱上你了。我爱你，爱得浑身颤抖。"

"亲爱的，宝贝，我还在梦想着你。邮递员给我送来了你的两封信，一手一封，他小心翼翼地递给我，手臂都像蒸汽机的摇臂一样抖动起来。我想从信封中抽出多少张信纸就能抽出多少张，信封从来不会空。这是一个让人愉快的梦。"署名是："你的弗兰茨。"

从开始的几封信起，一连几个月，他都在向这个年轻女子勾勒自己的肖像：忠诚、无情、爱讽刺人、幽默，他还说，自己喜欢撒谎。

"您会觉得我比实际年龄年轻得多，我差点就要犯隐瞒之罪了。7月3日，我就要30岁了。我看起来像个年轻人，这倒是真的。"

在《日记》中，他对自己进行了更仔细的检查，认真地照了镜子之后，"我的脸看起来比我实际上的要好看得多，据我所知，我其实并没那么好看——确实，是因为夜晚的光线，光源又来自我的背后，所以，就连耳轮的绒毛都光灿灿的。这是一张纯净的脸，塑造得十分和谐，轮廓可以说相当美。充满期望的脸上，黑色的头发、眉毛和眼珠栩栩如生，目光丝毫没有瘆人的感觉，但也不幼稚，而是强劲有力得很，除非它只是在观察，我现在正在自我观察，我想让自己害怕。"

他告诉菲丽丝，自己是世界上最瘦的男人，但自从经常去游泳池之后，他就不再为自己的身体羞耻了。

他回答她的每一个问题：

"您想知道我是怎么分配时间的？非常有规律。上午8点到下午2点在办公室，3点或3点半吃饭，然后在床上小睡，直到7点或7点半，接着是10分钟的体操，在窗前做裸体体操，然后一小时的散步，要么一个人，要么和朋友一起散步，之后和家人一起吃饭。晚上10点半左右（有时还要更晚）开始写作，持续到半夜一点、两点甚至三点，这要视我的体力、意愿和运气而定。"

他还随信（用来提醒？）附上袁子才①的一首诗：

寒夜读书忘却眠，锦衾香尽炉无烟。

美人含怒夺灯去，问郎知是几更天！

他毫不隐瞒自己的怪异。"我的生活方式？您会觉得很乱，不可原谅。我胡乱穿衣，上班上街都穿同一套衣服，甚至夏天和冬天一样。我的抗寒能力比树桩还强，现在都11月中旬了，我还没有穿大衣，厚的薄的都没穿。在那些穿得暖暖的人当中，我就像个疯子，戴着小小的草帽，穿着夏装，没有背心（我创造性地成了不穿背心穿西装的人）。"

"当然，我不抽烟，不喝酒，连咖啡和茶都不喝。"也许是为了安慰菲丽丝，他马上又说，当他看见十来个人在身边喝黑咖啡或啤酒，他会感到很高兴。对他来说，没有什么比看到别人在吃他永远不会放进嘴里的东西更开心了。为了说得更详细，他还解释道：

"我一日三餐，其间不吃任何东西，只吃叫做'无'的东西。早上，我吃糖煮水果、饼干和牛奶；两点半的时候，出于孝心，我跟别人吃同样的东西，稍微比他们少一点；晚上，冬天是在9点半的时候，我吃些酸奶、全麦面包、黄油、核桃、榛子、栗子、椰枣、无花果、葡萄、杏仁、笋

---

① 即袁枚（1716-1797），清代诗人、散文家，字子才。——译注

瓜子、香蕉、苹果、梨子和橙子。柠檬水我永远也喝不够，不过，亲爱的菲丽丝，不要因此而抛弃我，行行好，接受我吧！"

在《日记》中，他也不放过机会，承认了自己真实的和想象的渴望：

"只要我胃里空了，我就在脑海里拼命想象食物，尤其是猪肉食品，让我大大地满足了这种欲望。如果我看见貌似过去家庭制作的那种硬邦邦的香肠，我会在想象中一口咬下去，迅速吞下，不停地吃，毫不迟疑，像台机器一样。这一幕尽管是想象中的，但由于结果立竿见影，我便绝望得更加迅速。我把厚厚的长条排骨塞到嘴里，嚼都不嚼，然后把它们拖到胃里或腹部，让它们从那头出来。我把肮脏的香料全都吃掉，把鲱鱼、醋渍小黄瓜和所有肮脏、发臭、变质的食物统统装到肚子里面。糖果从铁罐里像冰雹一样落到我的嘴里。"

他详细描述了自己的生活：外出、休闲、癖好和弱点：

"浴室给我带来了巨大的快乐，"他对菲丽丝说，"昨晚，我心里烦透了，结果一连去洗了三次手。我有时会陪着头发度过整个下午，陪着我的梳子，英国品牌的梳子，肯特森牌。我离不开它。"①

---

① 这把梳子是卡夫卡留下来的唯一物品，如今保存在以色列的恩·夏罗德村，为他的第四任未婚妻多拉捐赠。——原注

他批评自己太讲享受了，如果女佣早上没有给他打热水，他会觉得世界塌了一样。他永远都追求享受，他通过乞求、哭泣、放弃更重要的东西来获得享受。

弗兰茨对他的柏林女子，对马克斯，对他的朋友们和亲人们抱怨，家里一年到头都那么吵闹。"我的卧室是全家最吵的地方。我听见门砰砰作响，妹妹瓦莉大叫着在前厅跑来跑去，问父亲的帽子有没有刷过，好像是在巴黎的大街上一样。在两个相邻的房间里，人们说话大声，左边是女人们的声音，右边是男人们的声音。我好像觉得他们都是野蛮人，是黑人，什么都无法让他们安静下来，他们不知道自己在说什么，好像说话只是为了让空气流动，他们用眼睛尾随着他们说出的话。大房间吵得不得了：打牌的声音，然后是父亲的说话声，他天天那样，说起话来不是滔滔不绝，就是震耳欲聋。"

大街上，汽车发出可怕的轰鸣声，吵闹得厉害。弗兰茨不得不在耳朵里塞蜡丸。"活着的时候

卡夫卡的母亲朱丽·洛维

要塞住耳朵，这也太可悲了！"

他急切地给她介绍他的家人。首先介绍他的妹妹们：他有三个妹妹。大妹埃丽已经结婚；二妹瓦莉刚刚订婚；小妹奥特拉最受他宠爱，纯洁、真实、诚实，谦逊而自豪，忠诚而独立，胆怯而勇敢，这些优点，他说，都在她身上得到了完美的体现。

他母亲在商店里帮他父亲干活，弗兰茨很少见到她。白天，她一刻不停地干活，晚上很晚才筋疲力尽地回家。"我母亲是我父亲的奴隶，一个爱他的奴隶，"他对菲丽丝说，"父亲人高马大，是个爱我母亲的暴君，他们俩亲密无间。"

谈起母亲，他发现自己有时爱她爱得不够，还可以爱她爱得更多一点，这完全是因为德语的原因，语言妨碍了他的爱。"在犹太语中，母亲不叫'母特'，'母特'这种叫法让她觉得怪怪的，甚至有点可笑。德语里才有'母特'这个词，它既包含着基督教的冷漠，也包含着基督教的辉煌。"

一天晚上，他告诉菲丽丝，他的大妹妹生了第一个孩子：他母亲半夜一点回来，告诉他们埃丽生了一个男孩，父亲穿着睡衣在家里转来转去，把所有的门都推开，叫醒他的儿子和女儿们，还叫醒了女佣，告诉他们家里多了个男孩，看他那个样子，好像那孩子不仅仅来到了世上，而且已经结束了光荣的一生，葬礼都举行过了。"我对那个外甥没有一点爱，只有妒忌，强烈的妒忌，"他说，"因为我永远不会有孩子。"

菲丽丝听了这种提醒之后会心慌不安吗？

在所有的信中，弗兰茨都要问她这样一些问题：你几点上班？你早餐吃什么？你在窗前能看到什么？你是怎样穿衣的？告诉我你的男性和女性朋友的名字。几点了？你看了什么演出？你看戏之前还是之后吃晚饭？你坐什么位置？星期天你是怎么过的？你读什么书？你跳的是什么探戈？是墨西哥的探戈吗？你是怎样同时给两个女孩听写单词的？30日，你跟哪位同事跑着回家？你白天为什么不散步？

他对她说："我的头脑里有无数个问题，多得就像是草地上的苍蝇。"

他还不满足，好像没有她他就活不了似的，一定要她答应每天给他写信："赶快再给我写一封信，认真地回答我的每一个问题，你的回答必须像蛇一样既狡猾又机灵。再见了，别忘了写点日记。我呢，我还得给你写信，否则，我会伤心死的。"

他在《日记》中也有回应："身边有个人如果能理解你，也许是个女人，这将意味着自己在各方面都能得到支持，就是上帝在身边。"

从11月初开始——此时离他们通信还不到两个月，他就感到有一种忧虑，而且越来越强烈："我对你做了些什么，你要这般折磨我？今天又一封信也没有，第一次投递没有，第二次投递还是没有。你真是让我痛苦死了！而你亲手写一个字就能让我高兴。两行就够，一声问候，一个信封，一张卡片，求你了。从上星期五起，我就给你寄了十四五封信。真是疯了！"

当他痛苦得实在受不了的时候，他便给她发加急电报，以便能收到两三个字，让心里平静几个小时。他很少给她打电话，等着连线时，他的心会怦怦直跳，当着别人的面在办公室里跟她说话，他会乱了方寸，结结巴巴，什么也听不清。

"别用眼睛盯着听筒，而要凑上耳朵。"一同事大笑着对他说。

弗兰茨挂上电话，跑开了，好像犯了什么错。

很快，他就恳求菲丽丝结束这种书信往来。他忍受不了这种折磨："如果我还想继续活着，我就无法再徒劳地等待你的消息。别再给我写信了。"

第二天会来信吗？他又感到了内疚和后悔，请求菲丽丝原谅他的继续纠缠，"我能拥抱你吗？在这张悲惨的纸上？就像打开窗拥抱夜晚的空气一样。你还会给我写信的，是吗？"

他给她寄了一些白色的玫瑰，以抵消词句的罪过。

接着，他又要她一周只给他写一封信，星期六写。他无法忍受她天天给他写信。他忍受不了。三天后，他重新哀求她每天给他写信，写了再写。

他们也交换照片。菲丽丝收到他的第一张照片时忍不住哈哈大笑：弗兰茨5岁时的照片。他穿得像个女孩，恶狠狠地盯着她。几天后，他又给她寄了一张，照片上是两个没穿衣服的婴儿：她的两个妹妹。他希望得到菲丽丝同一年龄的照片，但没得到。最后，他终于给她寄去一张他现在的照片，是在家门前拍的：一个风度翩翩的年轻人，系着领带，深色的大衣敞开着，露出里面的灰色服装。他戴着毛皮帽，帽檐投下一抹阴影，刚好投在他的眼珠上，遮住了他的眼睛。不过，菲丽丝无法把自己的目光从盯着她的这道目光上移开。窄窄的长裤，裤线笔直，使他的两条腿显得很细；圆头的鞋子是新的，很结实，闪闪发亮；他双手交抱着放在腹部。菲丽丝把相片装在一个相框里，放在床头

1914年，菲丽丝把自己的这张照片寄给了卡夫卡

柜上，每天晚上都面对这张照片睡觉。

而弗兰茨也失神地凝视着他的柏林女孩的照片，不断地向她索取更多的相片："一副面孔要让人记住，"他对她说，"必须通过几千张照片。"他还想要她的姐妹们的照片，要她的姑姑，她的侄女，她的朋友们的照片。一收到照片，他的问题就像机枪一样扫射过来：在哪拍的？谁拍的？几点拍的？周围有什么？远处有什么？他对镜头外的东西比看得见的东西更感兴趣，"照片很漂亮，我不能没有它们，但这也是一种折磨。你给我的解释永远不够。"

见了几次面之后，他便不再问她要照片。活生生的血肉之躯他见得太多了，照片对他来说就没什么作用了。他不想再看她：菲丽丝没什么突出的地方，长得普普通通。"我吧，"他解释道，"我久久地看着你真实的脸，鲜活的脸，上面自然有缺陷，但我陶醉在这上面。如何才能步出其中，把它们当做普通的照片？"

他抱怨办公室里的工作，说那是痛苦的深渊，那些堆积如山的纸张让人显得很可悲，好像挖走了他的一块肉。他抱怨父亲跟女婿联合购买了一家石棉厂，这就要求他这个当儿子的花时间去打理，而不是一天到晚写那些无聊的东西。他抱怨妨碍他写作的一切。"我的生命早就由写作的愿望构成，现在还是如此，可这种愿望往往落空。可是，我不写作，就会被扔到地上，扫地出门。"在一长串信中的第一封，他如此补充说："我的精力十分有限，我得避免在各个领域到处出击，以便把足够的力量集中在我的主要任务上。这项工作让人愉快到极点，我晚上的时间永远都不够用。"

然而，8月份，当他遇到菲丽丝时，他已经拖沓了几个月，成天懒洋洋地躺在沙发上。他甚至厌倦了自己的《日记》，只是在这里那里随手记下几个字："出于怜悯，我的左手握住了右手的手指头。我对自己冷淡，是因为我很长时间没有写东西了。"

结果，到了9月22日晚23日晨，也就是他往柏林寄出第一封信的两天之后，他又来了灵感，激动起来，一口气写了《审判》，从晚上10点写到早上6点。搁笔时，天已破晓。他心中十分喜悦，抓紧时间把自己的印象大段大段地写进《日记》中，这是最后的胜利："我在一片汪洋里劈波斩浪……唯有如此才能写作，只有这样，即在身心完全开启的状态下才能写作……一切都可以表达出来，为一切妙想，哪怕是最陌生奇特的妙想都准备燃起一片大火，让它们在火中消逝和再生。"①

当他伸展四肢打哈欠时，女仆卢岑卡正好睡眼惺忪地从前厅走过，他一把拉住她，要她作证：

---

① 引文与卡夫卡原著在顺序和表述上有一定的差异。——译注

"我一直工作到现在！"

然后，他像绕场一周、享受观众喝彩的田径运动员一样，灭了灯，砰砰砰地去敲妹妹们的房门。

第二天，在奥斯卡·鲍姆①家里，当他向朋友们朗读《审判》这个故事时，自己激动得热泪盈眶。这个故事，他将判其"有效"，直到他死。至于其他作品，他则判以火刑。而《审判》这部作品，他要感谢菲丽丝。

这本书他题赠给"菲丽丝·B小姐"。那位年轻女子，他只见过一个晚上，差不多只有一个小时。

---

① 奥斯卡·鲍姆由于在学校里打架而瞎了一只眼，但他是一个优秀的钢琴家、诗人和作家。1940年被占期间死于布拉格。——原注

柏林，7个月后

　　1912年9月至1913年3月，弗兰茨和菲丽丝一直保持通信，没有间断，但也没有大的变化，除了一个重要的事实：弗兰茨以同样的热情继续写作。《变形记》在20天当中就完成了（从11月17日写到12月7日），"像是真正剥离了脏物和黏液"。这部小说，被埃利亚斯·卡内蒂[1]誉为20世纪重要杰作，弗兰茨认为其灵感要归功于菲丽丝……

　　夜深的时候他才写作。他住在父母家里，当父母吵吵嚷嚷地打完牌，当全家人最后全都睡着的时候，他把自己关在房间里，在《日记》中描述这个房间，好像在一个镜头一个镜头地拍摄它。一个又窄又小的房间，里面有张长沙发，一床红色鸭绒被。书桌上堆满了无数东西，一面刮胡子用的镜子、一个刷衣服的刷子、一个拉开的小钱包、一把脱离了钥匙串的钥匙、一条半绕着假领的领带、几支铅笔、一个空火

——————————

　　[1] 埃利亚斯·卡内蒂（1905-1994）保加利亚出生的犹太作家，1981年诺贝尔文学奖得主，代表作为《迷惘》。——译注

柴盒、一个镇纸、一把尺、许多假领用的扣子、剃须刀的刀片、领夹。开着的抽屉里有小册子、旧报纸、书单、明信片和撕碎一半的信。

他在墙上挂了两幅作品，一抬头就可看到。一幅是画家汉斯·托马的《劳作者》复制品，还有一个是一个无头章鱼的模塑品，章鱼的身体上穿着一条皱裙，挥动着一条牛腿。

双腿僵硬的时候，弗兰茨便站起来，站在临街的窗前，仰着头，脸贴在窗子的长插销上，看着从面前流过的河流。河边的青草已经发黄或变绿，天空改变了颜色，络绎不绝的车队又让他回到了人间的大合唱中。

这个不知疲倦的阅读者生活在书籍当中。大家都知道他对自己的藏书是多么宝贝：一天晚上，他不在家时，母亲进了他的房间，拿了奥斯卡·鲍姆的一本小说，弗兰茨原本想亲自借给妹妹埃丽的。得知母亲拿了他的书，他暴跳如雷，几乎都要骂娘了：

"别碰我的书。我就这一本！"

他读传记、小说、文论、诗集。他喜欢的书，他会读两遍、三遍，有时许多遍。他问菲丽丝读什么书，对她所选择的书感到很失望，并建议她读福楼拜（他渴望当众朗读《情感教育》①，一口气读完，不管需要多少个白天和夜晚，当

---

① 卡夫卡每次外出旅行都会在行李中塞进这本书。——原注

然是用法语朗读），读陀思妥耶夫斯基、斯特林堡、格里帕泽①、克鲁泡特金②、果戈理、克莱斯特③、狄更斯、雅姆④的作品和柏辽兹的自传……书单很长。"应该只读咬我们刺我们的书，它们必须是斧头，能劈开我们身上的冰海。"

他记下了一则轶事，却不敢寄给菲丽丝：不许在办公室想《托拉五书》⑤，所以能在那里读到一些世俗之书。有个叫K的人，对世俗的书相当熟悉，全是在办公室里读的。每个细节都很有趣，他补充说，只要描写得准确。

1912年12月11日，他给菲丽丝寄去了他刚刚出版的集子《沉思录》，接下去的几天，他焦急地等待菲丽丝的评论，匆匆浏览他几乎每天上午收到的信。没有，没有一行提到他的书。又是几天过去，还是什么都没有。12月18日，他悄悄地加了几个字提醒她："我很高兴我的书到达了你手中。"

---

① 弗朗茨·格里帕泽（1791-1872），奥地利剧作家，诗人。——译注

② 彼得·阿列克谢耶维奇·克鲁泡特金（1842-1921），俄国革命家、地理学家，主要作品有：《田野、工厂和工场》、《互助论：进化的一种因素》、《夺取面包》等。——译注

③ 贝恩德·海因里希·威廉·冯·克莱斯特（1777-1811），德国作家，代表作《破瓮记》与莱辛的《明娜·封·巴尔赫姆》和豪普特曼的《獭皮》并称为德国三大喜剧，同时，他也是德国志怪小说的大师。——译注

④ 弗朗西·雅姆（1868-1938），法国诗人。——译注

⑤ 犹太人称《圣经》的前五章为《托拉五书》。——译注

他等待着。还是什么都没有，菲丽丝跟他无话不说，唯独不
提他的书。"她对我身上最优秀的东西不感兴趣。"他想。
菲丽丝的这种冷淡让他感到了耻辱，深受折磨。12月23日，
他说得再清楚不过了：

"你还没有对我的书发表任何意见。"

菲丽丝沉默着，没有丝毫兴趣翻开那本书，虽然她读过
很多书，迷上了十几本书。在她的信中，弗兰茨见她谈论了
那么多作家，很想跟他们吵架，跟他们一个个吵。那天，当
她赞扬施尼茨勒①时，他怒火万丈，半夜里给她写信，语气让
人不寒而栗：

"我一点都不喜欢他，一点都不尊敬他。他的档次低得
不得了。"

12月29日星期天，他脾气发作了：

"为什么不用两句话告诉我你不喜欢我的书？你看不懂
书的内容，这可以理解，可以让我期望将来有一天它能吸引
你。你迟疑不决，判断不下，我觉得是正常的，可你一言不
发，你两次说了些什么，但对这本书本身一言不发。你不喜
欢我的书，可这是我写的，你一定会喜欢上的，所以，你最
后还是会读的！"

----

① 阿图尔·施尼茨勒（1862-1931）奥地利小说家、戏剧家，维
也纳现代派代表之一。——译注

多么不愉快、多么让人伤心的一个星期天啊！

自从这件让人蒙耻的事情之后，他便不再跟她提及自己的工作，或者说得很少。以前，他会如实道来，充满激情和幽默，详详细细，每天都说。他希望听到赞扬，还带有一点敬佩。可他什么都没听到，只有让人焦虑的沉默。

他每天给她写信，但一点都不打算见面，显得十分遗憾：

"我们相遇的那天晚上，你逃进了电梯，而不是无视布罗德先生的存在，悄悄地跟我说：'跟我去柏林，搬到那里去住。来吧！'"有时，他指责自己萎靡不振，"我真是疯了，为什么要待在办公室或家里，而不是两眼一闭，冲上火车，直至到了你身边才睁开眼睛呢？"

也许是在菲丽丝的要求下，12月初，他就说圣诞节可能去柏林。可一切都是个未知数。尤其当他抱怨说，菲丽丝，你也可以来看我，那我就可以不去柏林了，这时，这场旅行就变得更缥缈了。

整个1月份，他们都不再谈见面的事。2月5日，他又动摇了：

"复活节期间，星期天或星期一，你有一个小时的空见见我吗？如果有，你觉得我来好不好？我到柏林没有任何事情，只等待这一刻。如果没有完整的一小时，4刻钟也可以。要知道，这是很重要的问题，你觉得我来好不好。"

两天他又写道：

"亲爱的，我不想认识你的家人，我做不到。所以，好好想想，菲丽丝，因为你父母，你的父亲、母亲，你在德累斯顿的姐姐肯定都在家里。所以，我清楚地知道你不会有时间。"

这是情话还是借口？想逃避他极不情愿的见面，其伎俩昭然若揭。他向她承认说：

"你是对的，菲丽丝，最近一段时间，我常常迫使自己给你写信。"

为什么会发生这种变化呢？

"我写的关于美国的小说[①]。我所写的故事完全发生在美国。这是我的第一部稍长一点的作品，15年来，我只有巨大的痛苦。我应该葬送它们，在你的保佑下，我要尽量多花点时间给你写些不确切的、可怕的、有疏漏的、不谨慎的、危险的信，这样，一切都会平息下来了，找到正确的道路。菲丽丝，别扔下我一人孤孤单单。"

在柏林和纽约之间，在幸福地重见心爱的女人和创造一个人物，把他叫做卡尔·罗斯曼，让他活在地球另一端一个紧张而繁忙的城市里（他知道自己永远不会去那里），在这

---

① 卡夫卡从本雅明·富兰克林的自传中了解了美国人日常生活的方方面面。这本书他读得非常愉快，并推荐给父亲。——原注

二者之间选择，他毫不犹豫。菲丽丝给他注入了活力，给了他必要的激情。她出了一下风头，卡住了的发动机又转动起来了。她出色地扮演了他们相遇的那天晚上他让她扮演的角色，他越来越喜欢她的演出。或者说，他需要自己对她产生感情。

一种没有爱情的爱。

他沉浸在写作的快乐当中，开玩笑说："亲爱的，我举起双手乞求你，千万别妒忌。如果我小说中的人物发现你在妒忌他们，他们会跟我不辞而别。想一想，如果他们不辞而别，我得去追他们，假如我因此要一直追到他们所在的地狱，我也会义无反顾。不，哪怕失去你，我也不会离开我的小说。绝对不会！"

几天后，他又欣喜若狂："哭吧，亲爱的，哭吧，哭泣的时候到来了！不久之前，我的小故事中的人物死了。如果有什么能让你感到安慰，那就是他死的时候相当平静，与所有的人都取得了妥协。"

突然，3月份的时候，弗兰茨的精神垮了。他干得太累了，在办公室，在石棉厂，阅读，跟菲丽斯、马克斯、奥斯卡·鲍姆、费里克斯·维尔奇、恩斯特·魏斯，跟他的妹妹们通信，他没有时间停下来休息，失眠越来越厉害，健康每况愈下，结果，小说踏步不前。

他把自己的疑虑告诉了马克斯，但他这位毕生的朋友与爱尔丝结婚了，结婚了的朋友便不再是朋友。弗兰茨无法再天天晚上见到马克斯，不能再跟他一起外出旅行，心里非常痛苦。

1月12日，他的二妹瓦莉也结婚了。他感到越来越孤单。一个没有妻子的男人简直不属于人类，《塔木德》①的这一诅咒在他脑海里萦绕不去。

菲丽丝是他唯一的避风港。如果他想待在她身边，他就不能光写信。他再也不能躲避了，3月，柏林之旅已势在必行。

但相识7个多月后弗兰茨的初次柏林之旅，几行字就足以讲清。一场明明白白的探访，他却说得困难重重，取消了，然后又犹豫不决："一直决定不下。"到了星期五晚上，他才匆匆确定。

阿斯卡尼什旅馆

1913年3月22日，他闭着眼睛跳上了火车。到了柏林，当他睁开眼睛时，已是晚上10点半，菲丽丝并没有到站台上来接。他累极了，像往常一样，他坐的是三等席。弗兰

---

① 《塔木德》为犹太教口传律法汇编，是仅次于《圣经》的典籍，为公元前2世纪~公元5世纪间犹太教有关律法条例、传统习俗、祭祀礼仪的论著和注疏的汇集。

茨前往阿斯卡尼什旅馆。没有任何欢迎的字句在等待他。一想到真的要见到自己给她写了7个月信的女人，他紧张得喉咙发紧，无法入眠。

第二天，一到8点半，他就让一个孩子给她送了一封信："菲丽丝，发生了什么事？我到柏林了，下午四五点就要回去。时间在一分一秒地过去，我却没有你的任何消息。求你了，让这孩子带回你的答复。"

他们见面的时候，已差不多11点钟，两人又是激动，又是尴尬。他把菲丽丝搂在怀里，又飞快地在她的腮帮子上吻了一下。两人在动物园里散步。天很凉，树木刚刚发芽。菲丽丝中午要去参加一场葬礼，她不想迟到，于是两人跑得像疯子一样，这是他们这场相遇最美好的时光。两人一起欢笑，动作自如，手拉着手。到了墓地，他们分开了，送葬的队伍在缓缓移动，弗兰茨看见这姑娘消失在两个陌生的先生后面。当时，他并不想跟上去站在她身边。他们匆匆约定下午3点电话联系，菲丽丝还许诺送他去车站。吃完中饭，他去拜访一个朋友，恩斯特·魏斯，作家兼外科医生。离3点还有好长一段时间，他就回到了旅馆。等待开始了。他坐在大厅里，看着外面细雨纷纷，雨不大，却很冷，一直下到晚上。他想出去买份报纸《柏林日报》，但又怕看到让他不安的社会新闻。最近读到的一则司法报道还让他心有余悸：一个名叫玛丽·亚伯拉罕的女子，23岁，由于饥饿和贫穷，用男人的领带（她用作自己的绑袜带）勒死了自己9个月的婴儿芭芭拉。那个年轻母亲勒断了自己亲骨肉的脖子，这一景象在他脑海里挥之不去。从来不哭的他竟然面对这4行字抽泣起来。

他可以找家咖啡馆，在那里看书、写作。可是不，他还是死死地坐在椅子上，守着电话机，像岗亭里的哨兵。

柏林是他熟悉的城市。如果他有勇气逃离布拉格，逃脱家庭的爪子，他是愿意在那里生活的。1910年，他观看过巴塞曼出演的《哈姆雷特》，后来又见到过那个演员一个人出现在银幕上，他回想起巴塞曼可以说是冰冷得让全场人发抖的声音。他在想，一个那么伟大的天才演员，为什么会同意出演《他人》，那是一部很蹩脚的电影，他是和马克斯一同去看的。

也许是他打了几分钟的瞌睡，也许是卡尔·罗斯曼过来坐在了他的身边，也许是他围绕着自己飞行，就像一只被人从巢中赶出来的鸟。

4点钟的时候，他跑着去车站，在月台上四处张望。火车启动了，菲丽丝没有来。天还在下雨，也许是雨阻碍了她前来，他心想。可是，没有人不让她打电话呀！

16个小时的旅行只匆匆见了一面。他不敢对她说应该说的话，他已经在心中暗示了好多次，但是白搭。菲丽丝什么都不想理解，也不想怀疑一切。面对着她，他哑口无言。

回到布拉格之后，在好多天当中，他都拐弯抹角，心里

的话说不出口。4月3日，他突然找到了写出来的力量，不再
绕来绕去，好像不是对菲丽丝说话，而是对自己说话，想摆
脱要把他窒息的话：

"我真正担心的是（说不出、听不到比这更糟的事情
了）是我永远也不能拥有你。"他对她说，"最乐观的情况
是，我应像一头赤胆忠诚的狗，满足于吻一下你漫不经心地
递给我的手，这并不是爱的表示，而是命中注定不能说话、
要永远保持距离的动物绝望的表现。此刻，我在这个房间
里，离开你更远了，但我仍感觉到四周有你身体的气息。我
将永远被你排斥。"

他签上自己的名字，把他认为是自己的死亡判决书的信
又看了一遍。

正当他开始脱衣，准备上床睡觉时，母亲轻轻地敲了两
下门：

"我可以进来吗？"

弗兰茨笑了：

"你并没有打搅我。"

这迟迟的夜访，很是反常，具有一些戏剧色彩。

"你给阿尔弗雷德舅舅写信了吗？"

他安慰母亲：

"昨天就把信寄出去了。"

儿子的和颜悦色让她斗起胆，走到他身边，在他腮帮子

上吻了一下，祝他晚安。这一举动，好多年没有过了。

"谢谢。"弗兰茨说着，轻轻地摸了一下母亲的手。

"我一直不敢，"母亲回答说，"我还以为你不喜欢，可你是喜欢的，我也很喜欢这样。"

她激动地走开了。门关上后，弗兰茨又在书桌前坐下，从信封里抽出信，加了几句话。他告诉菲丽丝母亲突然进来，他们说了几句话，她吻了他。把生活中的一个片段、某一刻固定住，留下来，这足以改变他的情绪，让他重新获得作家的自由。

第二天，他为自己的勇敢而自豪，对马克斯说：

"昨天，我寄信去柏林把心里话都说出来了！真是壮烈啊！"

菲丽丝有什么反应呢？

"你成了我生活中必不可少的人，却离我远远的。"

"我成了你生命中必不可少的人？"

弗兰茨大喜，不再害怕得发抖，他没有收到他的信本应得到的回答。他松了一口气，叹道：

"亲爱的，我会远离你？难道我们不是同呼吸共命运吗？我到处寻找你。在马路上，任何人的一个小小举动都会让我想起你的模样。我会远离你，我这个为了你而深受欲望折磨的人会远离你？"

他勇敢地向她承认说，就在今天早上，他在漆黑的走廊里洗手时想到了她，竟产生了一种极为强烈的欲望，以至于不得不走到窗前……在灰色的天空中寻找安慰。

这种景象一定让菲丽丝受到了惊吓：弗兰茨面对云彩手淫，接着，她可能又这样想：如果想到我他都会勃起，那他为什么还一再羞耻地对我说他永远不能拥有我？

她不敢向他提出这个问题。她说不出口，或者说耻于听人谈性。她所受到的教育和她所出生的阶层都不允许她这样。在布罗德家里，当弗兰茨说起他在于特博格的旅行，跟天体主义者在一起时，她身上直起鸡皮疙瘩。他曾对她说，人们一丝不挂，在树林中散步，伸懒腰，奔跑，互相挠痒，互相抚摸，身上什么都不穿。这一情景，今天想起来还让人恶心。谢天谢地，弗兰茨特别指出，他从来就没有脱下过他的游泳裤。

接下去的几个星期，菲丽丝越是顽固地不想理解，他越是严厉地谴责自己。他向她哀求道：

"别视而不见，别沉浸在幻想之中，我永远都不会改变你的。我需要不断地跟你通信，这并不是因为爱，而是因为我精神上的痛苦。"

她发誓说，她之所以继续给他写信，并不像他以为的那样，是出于怜悯。她已经跟他分不开了。

这个问题他们不想谈了，于是转向别的话题。他们说起了生活中的琐事，谈起了朋友、书籍、时间。菲丽丝答应去上游泳课，她没有取得任何进步，让弗兰茨感到很遗憾。他问她："你学游泳是借助竹竿还是器械？"

他跟她描述了他的新邻居，那是一个捷克人，写色情小说，一个很有魅力的英俊男人，一把山羊胡子，十足的法国派头，戴着一顶蒙马尔特式的软帽，胳膊上夹着一件披风。他提到有一天，他不小心打碎了刮胡子用的镜子，气得发抖。

菲丽丝牙疼，弗兰茨很担心。牙医给她拔臼齿那天，他惊慌不已，睡不着觉，设法排解自己的不安。

时间与幻觉的胜利①

"真的，一切都像以前那样，求你了，别徒劳地胡思乱想。"菲丽丝写信说。弗兰茨穷追不舍，让她生气了。一切都像以前那样，似乎很好，可弗兰茨不相信是这样，尽管菲丽丝想动摇他的这种想法。他试图远离她，以摆脱心中巨大的痛苦，但失败了。他大大地松了一口气——如果她打发了他（"打发"是她所使用的词），他会消沉，可她没有打发他，这又让他深受折磨。他与自己的忧虑和绝望作斗争。"为了能活着，留下这颗脑袋"，他得付出巨大的努力，这种努力，他讽刺说，"都足以建造一座金字塔了。"

为了弥补这种神经脆弱，他决定去学园艺。手工劳动能使他心里平静下来，他知道。一两年前，他尝试过做木工，从中获得了巨大的好处。那个行当的一切他都感兴趣，刨花的味道，甚至连锯子的吱嘎声他都喜欢。作坊里灯光通明，学徒都是些性格沉静的人，身体健壮，专心干活，很少说话，彼

---

① 德国作曲家亨德尔的清唱剧剧名。——原注

此照应。由于缺乏时间，他很遗憾地放弃了这项工作。

那天傍晚，他第一次前往尼斯勒，那是布拉格的一个平民郊区。从地铁里出来，他发现眼前一片简陋的民房，房前屋后都是菜园，没有篱笆。四周很热闹，孩子们在外面玩，争夺美式秋千，小女孩围着旋转木马唱歌跳舞，可以听见有人在吹小号，下了班的工人一群群聚在一起聊天，喝啤酒，然后才去花坛锄草。

菜农在院前等他，他们约好在那里见面。他给了弗兰茨一把铁铲，教他如何使用：首先要注意站姿，腿要略微分开和弯曲，拱背，要柔软一点，脖子太僵硬了。

"用铁铲挖挖东西，把它全挖出来。"

这个客户的手又白又细，无疑是个闲人，那人见状也就不再坚持。

"动作要短促，慢一点，不要伤着腰。调整一下脚，让自己沉下去。"

弗兰茨只穿着一件衬衣。天很冷，下着细雨，四月的雨断断续续，已经开下。他还是继续干，翻动着肥沃的土地。很快，他就出汗了，手上也起了泡，但累得高兴。"这种愚蠢、诚实、有用、沉默、孤独、健康的工作，"他当晚给菲丽丝写道，"对一个在过去的岁月里伏案工作时不断受到打击和动摇的人来说，不是没有意义。"今天依然如此，他的耳边仿佛还响起泥土的噼啪声。

他的身材有点过于沉重和瘦小，这让人更加觉得他很在意自己的尊严。"我感觉到自己像个悍妇，将被人们所驯服。"他对马克斯这样说。

他感到好受多了，因为菲丽丝没有找别的人替代他。他太怕了！前往法兰克福参加一个专业展览时，她遇到了许多人，他的信她一封都没有回。弗兰茨想象着一个身体结实、衣冠楚楚、健康而快乐的年轻人取代了他的位置。他被抛弃了，如同下了地狱。他失去了理智，跑到他的好朋友马克斯家里：

"求求你了，写封信给菲丽丝，我得知道……"

他哽咽得说不出话来，生怕失去她。第二天，他收到了几行字，于是又来劲了。

"帮我一下，菲丽丝，你能感觉到我是多么爱你吗？你能感觉得到吗？"他对她说，忘了这话自己已唠叨了几千遍。

从那天起，他便请求，或者说要求在五旬节①期间在柏林第二次见面。

"我必须，我必须见你，菲丽丝。"

他什么都接受。见你父母？去他们家？参加他们为你的哥哥费里而举办的订婚仪式？好吧，我什么都同意。

---

① 五旬节，犹太节日，逾越节后的第五十天。——译注

去那里该穿什么？他已经在为这事而操心：黑色西服？穿普通的夏装出席应该更好。

"我得给你母亲送花吗？送什么花呢？"

一连串问题。他常常回到菲丽丝不想再听到的问题，非常固执地请求她好好想想，结果，菲丽丝给他写的信越来越少。在她又短又简练的信中，他只读到这么几个字："快点"，"再一次快点"。

"读到这几个字，我的眼睛就痛。"

"是你给我造成了痛苦，我既伤心又疲惫。"她回答说。

伤心，疲惫，她怎么能不这样呢？弗兰茨的犹豫、矛盾、专横、苛求和抱怨使她毫无招架之力。

把他介绍给自己的家人，这女孩就此把他带上了婚姻的道路，他知道。眼下，他只关心一件事：菲丽丝没有好好想过或者根本没有想过他在信中向她作出的表白。她不把它当一回事，这让弗兰茨耿耿于怀，也让他们的前途蒙上了阴影。

等待她的什么呢？等待她把他逐出她的生活，等待她接受无性的夫妻生活，或者让他摆脱他无法承担的义务。他甚至建议两人不要生活在同一个城市。第二次见面的真正原因是跟她讨论这些问题。

1913年5月11日星期天，他一大早就到了柏林，12日星期一晚上要回去。那是五旬节期间，天气温和，充满春天的气息。下午三四点钟，他来到了鲍尔夫妇家里。他双腿发抖，穿过客厅，来到菲丽丝的房门前。当时，他害怕得浑身发抖。恋人张嘴向他打招呼时，他看到她嘴里金光闪闪；"那道金光，在那个如此不合适的地方，可以说是一道十分可怕的光亮，它和那个灰黄色的瓷器"把他吓坏了，他低下眼睛，没有别的念头，只想逃。就在那时，他突然产生了一种感觉，确信自己永远也不会拥有这个年轻女子，永远不会。

客厅里有许多人。弗兰茨手足无措，觉得周围的人全都是些庞然大物，无奈地看着矮小瘦弱的他。菲丽丝兴高采烈，轻快地跑来跳去，可一来到弗兰茨身边，她就失去了快乐，转过头去，忍受着他的沉默或是脱口而出的蠢话。她发现他脸色很难看：

"你好像很累。"她说。

他没听见。鲍尔太太怀疑的目光不断地扫在他身上，让他感到害怕，甚至让他头晕。这位母亲穿着黑色的服装，一脸愁容，一动不动窥视着他，在一屋子的人当中显得很特别。她挑衅地甚至是蔑视地看

菲丽丝（左）和她的母亲

着女儿所爱上的那个着了魔的人。那个男人一下子好像有病，一下子好像在走神，更多的时候是傻傻的。

看到餐厅里摆出来的丰盛的自助餐和惊讶的客人，弗兰茨终于不再沉默。他激动地炫耀自己是个素食主义者。大家都清楚地看到，他只吃了几条蔬菜，只喝水。只有菲丽丝的妹妹艾娜对他表现出一点同情，其他人都转过背去。

看到大家都避他远去，他意识到这将是一场灾难。他没能得到菲丽丝一个吻，她根本就不给他这种机会。当他沮丧而惶恐地决定离开，离开这场招待会时，菲丽丝把他送到走廊里。弗兰茨抓住她的手，摘下她的手套，吻了一下她的手心。他相信在这年轻女人的脸上看到了一丝敌意。他扭过头，跑了，有些东西正在他胸中撕裂。

第二天上午，他们在街上孤零零地待了一会儿。菲丽丝冷漠而阴郁，状态很不好。她的父母、兄弟、亲戚、朋友都渴望认识这个"写了两百封信"、因爱情而憔悴的年轻人，但他们只看到一个幽灵。他们难以掩饰，或者根本就不掩饰自己的失望。菲丽丝站在人行道上，身体僵硬，脸绷得紧紧的，目光游离，显然很烦他。弗兰茨不知所措，找不到什么话来跟她说。

"没有她，我活不下去，可有了她也同样。"当他把衣服塞进包里时，他这样想。他回到阿斯卡尼什旅馆的房间，准备离开，回布拉格。他无法拥有这个女人，但梦想栖息在她身上，或让她栖息在他身上。分离成两个不同的人，他无法忍受。

回到家里之后，他第二天上午就给她写信，在接下去的几天（5月12、13、16、18、23、24、25、27和28日）和6月份（1、2、6、7、10、13、15、17、19、20、22、23、26、27、28、29日），他几乎每天都写。7月，他又写了16封。所有的信都恳求她再好好想想，显得更直率、更成熟了。差不多到了一页纸的最后一行，他才提到一个毫不重要的细节："我正在修改我的美国小说《煤桶骑士》（片段）第一章的第二次清样。小说将收入一个80芬尼的廉价丛书中出版。"

"可是，"他补充道，"我一谈起跟你无关的别的事情，我就会糊涂。"

菲丽丝不单根本没有跟他提他写的书，甚至也没说德国报刊上大赞他的文章。是他放下身段问她的，希望她读过他的书，对他的写作才华有最好的意见。

她不仅不想再听他可怕的表白，而且不相信他对她说的每一句话。她想也不想就否定了他准确而固执得让人生气地提出来的论据。难道她不再读他的信？

6月16日，戏剧性的一幕：没完没了的辩解之后，他第一次这样问她：

"你愿意成为我的太太吗？你愿意吗？"

这两个问号好像把他的手钉住了。当天，第二天，甚至第三天，他无法再写一个字。这一建议好像要了他的命。直到第四天，他才收回对她说的心里话，这个女人，从他见到她的第一眼起，就成了他的未婚妻。

信是以这句奇特的话结束的：

"我要立即补充说，我对我们的未来和我们共同生活所可能遭遇的不幸害怕得要死。"

对于自己的求婚，显然，他是希望遭到拒绝的。他们在柏林的每次见面都是灾难性的，这让他相信，菲丽丝怀疑自己对他的感情，可又同意嫁给他。她是个小资产阶级，尽管27岁了，仍要弗兰茨去正式向她父亲求婚。她一定要严格遵守这一习俗。

这封信，他多次答应要写，但一天天地拖，一个星期一个星期地拖。他有更重要的事情要做。菲丽丝接受了他的求婚，这让他不知所措，于是便有了这场最奇特的诉讼。从来没有一个律师自打耳光时有那么雄辩，提出那么有力的证据。他得输掉这场诉讼，他的作家前途，他的生命取决于此。

这场诉讼，开始的时候声音很轻，后来越来越响，弄得菲丽丝耳朵都要被震聋了。对于那个刚刚回答他说"是的，我愿意成为你的妻子"的年轻女子，他问：

"你也愿意不顾一切地把这个十字架背在自己身上吗，菲丽丝，你想做不可能做到的事情？"

"是的，你会成为一个可爱的丈夫的。"

"你弄错了，你在我身边生活不了两天。我是地上爬的一条软虫，我寡言、孤僻、忧伤、喜欢咕哝、自私、多疑。你受得了我修道士般的生活吗？我大部分时间都关在房间里或一个人在马路上跑。完全与你父母、朋友分离，甚至抛弃其他所有关系，你受得了吗？因为，我规划中的二人世界就是这样的。菲丽丝，我不想让你遭遇任何不幸。走出我把你关在其中的可咒的圈子吧，我在里面因爱而盲目乱撞。"

他强调说自己老是感到累，她那么强壮，难道没发现他的健康状况很不好吗？

"在你我之间，"他强调说，"还夹着医生。我没有任何抵抗力，失眠和头痛让我四肢无力。"

"别说了，"菲丽丝说，"别再折磨我。"

于是，他向她描述了他们将来的夫妻生活会是怎么样的：

"你不能依靠我：我下午三点左右下班，吃中饭然后睡觉，直到六七点，匆匆吞咽几口，然后把自己关在办公室里。你忍受得了这样的丈夫吗？"

"忍受得了。"

"好好想想吧，菲丽丝，好好想想！你将失去柏林，失去你的办公室，失去你喜欢的工作，失去一种几乎没有忧虑的生活。你生活在家人当中，而布拉格是个外省城市，在那里，你将听到一种陌生的语言，你要像小市民那样做家务，没有社会联系，没有漂亮的裙子，坐三等席旅行，看戏时坐在角落里。"

他还告诉她另一种危险，由于他除了文学什么都不擅长，他们的业余时间，晚上，假期，他都将用来写作，留她一个人孤孤单单。

"我知道你爱好文学的倾向。"

"倾向？（他愤怒得说不出话来。）我的倾向？我恨文学以外的一切！如果我得停止写作，我就去死。"

这种不休的纠缠，让菲丽丝感到厌烦了，她中断了这种徒劳而累人的通信，但不解决任何问题，直到双方同意分别外出旅行。她往北，去波罗的海的一个岛屿西尔特，他往南，去意大利。

里瓦，意大利插曲

9月6日，弗兰茨陪他的上司去维也纳。罗伯特·马尔施内博士对这个同事的评价相当高[1]，而弗兰茨也欣赏他（但在他面前并不唯唯诺诺），因为他打字很快，而且两人都喜欢诗歌。一天，当申诉人纷纷涌到走廊里等待接见时，人们却听到弗兰茨和罗伯特关在一间办公室里大声地读诗。

他们一起参加了为期一周的国际救援与保健组织的大会。9月6日那天还召开了第11届国际犹太复国主义大会，西奥多·赫茨尔[2]的女儿也参加了。出于好奇，弗兰茨去听了几场，出来时感到很失望，他听到的还是以前的那些牢骚。他很遗憾地把情况告诉了马克斯，马克斯可是犹太复国主义的积极分子。

9月14日，他离开了他并不喜欢的维也纳。"这是一个阴

---

① 卡夫卡关于大楼管理人员的保险和工伤保护的许多专业文章都保存了下来。——原注

② 西奥多·赫茨尔（1860-1904）犹太复国主义创建人。——译注

森森的大村庄，"他说，"开心的人会变得伤心，伤心的人
会变得更伤心。"

终于盼到了假期，他独自去了的里雅斯特，然后坐船去
威尼斯。碰到了风暴，他晕海了。当他在总督府下船时，天
下起了大雨。他浑身被淋了个透，从一个教堂跑到另一个教
堂，教堂的外墙被灰色的雨帘所淹没，几乎难以看清。两天
来，伤心欲绝。在维罗纳①就更糟了，见到的尽是搂在一起的
情侣。"想起旅行结婚，"他在《日记》中写道，"我就充
满了恐惧。无论哪对情侣在我看来都面目可憎。如果我想呕
吐，我只需想象自己跟一个女人在一起，搂着她的腰。"

他躲在了一家电影院里，所看的电影（他没有说片名）
让他流泪了。

关于那座情侣城，他写信寄走了几行文字，他认为应该
是最后几行了。

"怎么办？菲丽丝？我们得互相道别了。"

说个插曲。

一个意大利插曲，发生在里瓦，加尔达湖迷人的湖边。
这是一个明亮、温暖的秋天，湖水和花园色泽温柔，在雾气

---

① 意大利城市，因莎士比亚的《罗密欧与朱丽叶》而著名，传
说那就是罗密欧与朱丽叶的故乡。——译注

中忽隐忽现。弗兰茨住在一家疗养院里，冯·哈藤根医生建议他做水疗。湖边，摆放着一长溜椅子，接受水疗的人长时间地坐在那里晒太阳。弗兰茨每天都去游泳，一直游到波罗梅群岛。

一日三餐都围着一张大桌子一起吃。不得不跟别人谈话，一个退休将军问他问个不停，他本来就很茫然和悲伤，这下就更糟了。

第二个星期开始了，午餐时，一个很年轻的女子过来坐在他身边，栗色的头发扎着一根红丝带。她穿着一条镶着白色齿边的石榴红丝绒裙，像个孩子，脆弱、天真得让人担心。当他突然滔滔不绝地问她时，她圆圆的脸和脖子变得通红，他好像被她完美洁白的牙齿、绒毛细细的皮肤吸引住了，很想解开她的丝带，抚摸她垂在肩上的耳环。

这是一个外国人，一个居住在热那亚的瑞士女孩。耶蒂·瓦斯纳十分苗条、优美、成熟，太有魅力了，她身上的一切都那么美，她的手腕，她的脚踝，她椭圆形的脸和长睫毛投下的影子。她与健壮、忘恩负义的菲丽丝太不一样了，她是那么年轻，太年轻了，弗兰茨目不转睛地看着她。他们一起在湖上划船，是他划的船，他被耶蒂，被她总是亮晶晶的目光迷住了。他们沿着湖边散步。午睡时，他们挑选了相邻的长椅。他跟她谈起了菲丽丝，谈起了他们的分手，谈起他在布拉格古板的生活。一天，他给她朗读，他凭经验知道，年轻姑娘对他抑扬顿挫的声音和他抬起的目光会相当敏感，他抬起头，看着她们，想知道她们是否已落入他给她们张起的罗网，成为他的俘虏。他选择了《黑桃皇后》。

"谁是那个亚历山大·谢尔盖耶维奇·普希金？"他合上书时，女孩问。

她什么都不知道，想了解关于那个作家的一切，而弗兰茨自己也暗中喜欢了解名人的身世。他说起了诗人的出身，说起普希金的埃塞俄比亚祖先汉尼拔，那是生活在俄罗斯的一个黑人，俄罗斯那么白，他却那么黑，还是彼得大帝的教子呢！

他给耶蒂背诵了他最喜欢的诗集《石头客》和《青铜骑士》里的几行诗。他喜欢的诗太多了，每一首风格都不同。他讲述了普希金辉煌的一生，文学成就、政治流放和诗人之死，那场悲惨的决斗。

"为什么会这样？跟谁决斗？"

"普希金有个极其漂亮的妻子，娜达丽娅·冈察洛娃。一个很漂亮的名字，不是吗？"

他一个音节一个音节地重复道。

"丹特士，一个胆大妄为的法国贵族追她，内心极为傲慢的普希金把这当做一种冒犯。决斗。丹特士一剑刺中了他的肺，他弥留了46小时，圣彼得堡的人民在诗人的窗前为他祈祷。他在极端的痛苦中死去，留下了最后的遗言："生命结束了。我呼吸不上来。"他死的时候才38岁。

耶蒂激动了，他也很激动。长期以来，年轻女人对他一直具有一种奇特的力量，她们让他心碎，因为在成为女人的过程中，她们的命运就是失去美貌，失去天真。他无法不去欣赏值得欣赏的年轻女子，爱她们，赞赏她们。

他想知道关于耶蒂的一切：关于她，关于她的家庭，关于瑞士和热那亚。他满足她的任何愿望，殷勤得让那女孩发现了自己的魅力并去探究自己的魅力有多大。他们为自己能让对方产生欲望而高兴。

遇到她之后，弗兰茨就像变了个人。他喜欢开玩笑了，编造故事，模仿某些水疗者走路的样子，或者是退休将军颤巍巍的声音。耶蒂乐得仰头大笑。弗兰茨说，他第一次接触信基督教的女孩，他几乎完全生活在她的活动范围之内。

她的活动范围？这是暗指耶蒂建议、他自己也心甘情愿地参加的游戏，不管它们多么幼稚？晚上，当他们回到各自的房间，住在他楼上的耶蒂从窗口垂下一条长长的带子，弗兰茨一把拉住。他们探出身子想看见对方，各执一端的那条带子把他们联系了起来，强大得足以让他们心慌意乱。有几个晚上，弗兰茨敲打着天花板，等着耶蒂回答他。他一动不动地躺在床上，伸长耳朵，听她在他头顶走动、哼小曲、咳嗽。他追随着她的每个脚步，直至她睡着。

他们只有10天时间，然后将各奔东西，一切都将结束。

没有明天、没有忧虑、没有拥抱的爱情。纯洁的爱情。大家的目光盯着他们，让他们不寒而栗。弗兰茨只有过一次这样的喜悦，只有一个夏天：那个姑娘叫塞尔玛，15岁，他17岁。

耶蒂知道弗兰茨是个作家。一天，弗兰茨问她是否喜欢童话，说想为她写童话。他没有告诉她，此刻，他正想象着她坐在餐厅里，拿着他写的童话，放在膝盖上，藏在桌底下。他看见她趁着上菜的当儿偷偷地阅读，脸红得可怕。可怕？为什么？让人想起了黄色故事？

耶蒂一再拒绝他的建议，并让他发誓三件事：

"我们以后不再见面；永远不再通信；一行字都不写，您不要写任何关于我的事情，也不要说。"

弗兰茨信守了诺言。马克斯问他什么他都不回答。在《日记》中，他只写了那个女孩的姓名起首字母：GW.（其真实身份几十年后才发现）。

关于那场短暂的相遇，我们只能从《日记》中得到一点信息，那两个

卡夫卡允诺永远不暴露
这个女孩的名字

星期他写了不到十行字，还有就是三个月后，12月29日他写给菲丽丝的信。他一如既往的诚实，但也直截了当地向未婚妻承认他曾爱上了那个瑞士女孩，才18岁，几乎还是个孩子，他很喜欢她，但两人不般配。临走那天，他还说，女孩忍不住哭了，他也不比她好受。

然而，这一插曲让他相信，他心里不渴望别的任何东西……除了娶菲丽丝。

他很怀念那段日子。他跟耶蒂玩的长带游戏让他从住在对面房间的俄罗斯姑娘那儿得不到本来可以得到的快乐。她给他的每个微笑、每个暗示都是一场邀请。

离开里瓦时，他对自己更有信心了一点。灰白的头发下面，目光变得温柔了。

格蕾特·布洛什或第一次三角恋

　　菲丽丝决定打破持续了两个月的沉默，这场沉默很像是永久的决裂。她在1913年10月23日的信中告诉弗兰茨，她有个女友要去布拉格，她委托这个朋友去跟他讲和，还请求他在与该朋友见面几天后来柏林。

　　弗兰茨收到了菲丽丝委派的那个陌生女人的三封信，但一封都没有回。亏菲丽丝想得出，一个信徒从天而降，全然不知他们难以解释的误会，她有什么魔法能解开他们的疙瘩？菲丽丝怎么会产生这种期望呢？

　　把情况告诉那位很可能上了一定的年纪、高大、结实、当了母亲的女士，他拒绝。

　　在说"不"，说"我不会去"的同时，他想做一个尝试：在剧情发展不下去时，在一个空空的舞台上，引入一个新的元素或是人物，哪怕是次要人物。他希望改变这种日复一日的单调日子。他的生活就像是这种惩罚：强迫小学生把一个荒谬的句子抄一百遍。

　　菲丽丝派来见我的那个女友是何方圣人？她从来没有提

起过此人。犹豫了几天后，他给格蕾特·布洛什回信说：

"我当然会去旅馆找您，请您定一个适合您的时间。"

然后，他又写信给菲丽丝：

"既然你提出来了，那我就在11月8日星期六到柏林，第二天下午三四点钟回来。"

他知道，那将是一场徒劳的旅行，而且，也是一场澄清不了任何事实、无法给他们的冲突画上句号的旅行。出发之前，他仍像以前那样，给自己提了许多问题：那位格蕾特·布洛什怎么会接受这样一种任务呢？她期待得到什么？她住在哪里？睡觉之前她在哪里活动筋骨？我能做到她所做的事吗？我能感受到什么？她老了以后会怎么样？这些问题让他内心不安，肚子都痛了起来。

1913年11月1日，他在格蕾特·布洛什下榻的"黑马"旅馆的大堂里与她见了面。他不喜欢她，一见面就提防她，她身上的那条鲜艳的毛皮长披肩很不合身。他对毛皮讨厌极了，尤其是对这件毛皮制品，毛长长的，衬着丝绸。

但格蕾特·布洛什并

格蕾特·布洛什

没有结婚。这是一个高挑的年轻女子，有点怪异，比菲丽丝年轻多了。20岁？薄薄的嘴唇，一张充满智慧的脸。她抬起脸，忧郁地看着他。她对他很尊敬，他感觉到了。

她鼓励他去柏林，在她看来，这是非去不可的，但弗兰茨抱怨道：

"我每次去都是一场灾难。每次见面之后，菲丽丝都比以前更犹豫不决。"

格蕾特·布洛什小姐笑了：

"也许，卡夫卡博士，您应该给她少写些信，多看看她。"

离开旅馆的时候，她建议第二天再见面，弗兰茨马上就同意了，并且补充说：

"小姐，我可以给您写信吗，寄到维尔纳？您的任务并没有完成啊！"

1913年11月10日，弗兰茨一从柏林回来，就给那位年轻女子寄了第一封信。他首先说明，他还没给菲丽丝写信就给她写了。这一表白太给面子了，让菲丽丝的这位女友不知不觉地陷入了暧昧状态。弗兰茨详详细细地把自己与菲丽丝见面的情形告诉了她。没等布洛什小姐有时间回信，第二天和以后的几天，他又给她写信。在最初的信中，菲丽丝也确实是他们谈论的中心，他希望从格蕾特那里了解到未婚妻的真实意图，弄清她犹豫尤其是沉默的理由。

从柏林旅行回来之后，弗兰茨没有再收到菲丽丝的任何信。她没有回答他的信和电报。在电话中，她答应当天就给他写信，但什么都没写。弗兰茨请她母亲给她带个口信，也没有结果，于是，他便求助他住在柏林的朋友恩斯特·魏斯，请他去菲丽丝的办公室找她，迫使她打破沉默。他终于收到了她的一封信，只有几个字："我稍后给你写信。"他给她发了4个电报，先后得到了4个允诺，其中包括："我的信已经寄出了。"什么也没收到。"太不人道了。"他对她说。他又给她寄了3封信，没有收到一封。他问格蕾特：

"您知道这是怎么回事？能告诉我吗？"

他完全糊涂了，加上他和父母正在搬家。他们搬进了奥佩尔特之屋，一切都乱糟糟的。他睡得很不好，干得很累。一个寒冷的夜晚，半夜12点半，他用被子裹着脚，再次给菲丽丝写信，乞求她："告诉我'行'还是'不行'，这不会费你任何力气。如果你不爱我，不要再叫我'亲爱的'；如果不深深地想我，不要再这样说。我需要的不过是一封短短的信，这个要求并不太夸张吧？即使你不再给我希望，我也会继续等你。我请你给我写信，这给你造成了很大的痛苦，但它远比不上你的沉默给我造成的痛苦。你觉得我不配得到你的一个字吗？"

菲丽丝的沉默让他移情了，把注意力集中到了格蕾特身上。现在，他把自己的心事讲给她听了，向她提了无数问题，他向"亲爱的格蕾特小姐"提出了大量的建议：关于她的身体健康（做做体操，学习游泳，开窗睡觉，别食用缬草，多去素食饭店，在您家附近有几家很不错，吃什么东西都要慢慢地咀嚼五分钟），关于她的工作，关于维也纳（尽快离开那座城市，回柏林去）。他急切地等待她的回信，几乎像迟迟收不到菲丽丝的信那样心焦。他请求她，当他去柏林的时候她也去，并建议中途就会面，因为他太想见到她了。

他越来越暧昧。当他得知格蕾特生于3月21日时，便称她为"春天的孩子"，要她多给他寄一些她的照片和她的朋友们的照片。

1914年这一年，他给菲丽丝寄了不到20封信，却给格蕾特寄了70多封。他觉得自己被她深深地迷住了，并且忠于自己的这种感情，不加掩饰。这种阶段性的关系，这种新的艳遇让他的心理得到了平衡，感到了安全。

然而，就在他让格蕾特心起涟漪的时候，他也紧抓着菲丽丝不放。她越是犹豫，越是拒绝他，他便越迫使她作出决定。他对她说：

"没有你，没有现在这个样子的你，我真的活不下去。"

1914年2月27日星期五的夜晚，他决定去柏林给她一个突然袭击。星期六早上，一下火车，他就直奔菲丽丝的办公室。他这是第一次去那里。他站在前台，等待秘书向菲丽丝通报他的到来。他在那里很高兴。菲丽丝出来了，这一突然来访让她大为吃惊，但她还是很友好地接待了他。他们站着谈了一会儿，然后菲丽丝回办公室去了，因为那里有人在等她。中午，他们约好在一家糕点铺见面，一起待了一小时。之后，他一直陪她到了她的办公室，因为他想看看她工作的办公室。傍晚，他们又见面了，散了两小时的步。晚上，菲丽丝没空，她得参加一场舞会，是工作所要求的。

"别去了，晚上我们在一起吧！我们还有那么多疙瘩没解开。"

"我不能在最后一刻才请假。这是不可能的。我们明天再见，明天上午我有时间。"

星期天，他们像那些幸福的未婚夫妻那样，手挽着手，在小路上逛了三个多小时，在一家咖啡馆吃中饭，并约了魏斯在那里见面。一看见他，菲丽丝就不高兴了，她多次想说服弗兰茨，说恩斯特·魏斯很可恨，而恩斯特·魏斯也多次对他说菲丽丝很讨厌。

离开弗兰茨的时候，菲丽丝认真地答应弗兰茨傍晚的时候送他去车站。

在站台上，他不断地扭头找她。火车开动了，她又一次失约，但发了一份电报，借口说玛尔塔姑姑来了。

　　三等车厢里吵吵嚷嚷、味道难闻，暖气又不够热，弗兰茨坐在长木凳上回味着他们逛公园时菲丽丝跟他说的每一句话。当颠簸的火车摇晃着他的身体，让他的脑袋撞到玻璃窗上的时候，他们的对话正在他的脑海里一条条地过，弄得他头昏眼花：

　　"我很爱你，弗兰茨，但要结婚，这种爱还不够热烈，我不想做夹生饭。"

　　"我爱你爱得想马上娶你，哪怕你对我的感情还是温温的。求你了，菲丽丝。说'同意'吧，即使你认为你对我的感情还不够热烈。因为我对你的感情热得足以弥补你的温度不足。"

　　"我担心我们的未来，担心无法承受你的怪异。你太优柔寡断：你现在想要的东西，过了一会儿你又不想要了。"

　　"我这是天生的，谁也改变不了。"

　　"和你在一起，意外和失望接二连三。我怕自己离不开柏林，离不开家人，离不开办公室，离不开漂亮的裙子和戏剧。你多次重复的理由我已细细考虑过。你说得对，我要放弃太多的东西。在我们两人当中，我得承受更重的东西。"

　　"我从中得出这样的结论：你根本就不爱我。"

　　"你弄错了。看看我挂在脖子上的纪念章，你的照片我日日夜夜都贴着身边。除了你，我谁也不会娶。"

　　"你会不会继续给我写信？"

"这得由你来决定。我愿意继续写，但我也可以不再
写。"

"一切都将结束，各人把自己的信件和照片都拿回
去？"

"不，我不会把你的照片还给你，也不会把你的信还给
你。我永远不会把它们丢掉，也不会取回我的信和照片。"

他仿佛又看见他们俩在动物园的小路上来来回回地走
着，他挥舞着手，为自己辩护，准备跪倒在菲丽丝脚下，她
则似乎想尽快结束这场让她来气的谈话。

他们面前有些大铁笼，几只猴子在枝条众多的水泥树上
跳来跳去，疯狂地追逐，发出让人精神紧张的叫声；他仿佛
看见那些狨猴露出红彤彤的屁股四处奔跑，翘起性器官，长
长的尾巴在空中乱舞。

猴子淫荡的爱，它们的骚动，它们的追逐，它们的厚颜
无耻让菲丽丝感到很恼火：

"弗兰茨，看在老天的分上，别再哀求了。你总是想做
不可能做到的事情。别抓住一个字不放。"

"你一心想羞辱我！"

"是你自寻羞辱！你只对一件事感兴趣，并且一百遍地
重复：折磨别人或者让人折磨！我受够了，不想再成为你的
受害者，也不想再当你的刽子手。"

她急了，想离开。弗兰茨一把拉住她。她用沉默来反

抗，这种沉默当中明显流露出仇恨和厌恶。她气愤地看着别处。

这些情景像电影一样在他头脑中一遍遍地扫过，各种画面混杂在一起，他只看见猴子猩红的屁股，它们旋转着，占据了整个画面，猴子的尖叫与菲丽丝的叫喊混杂在一起，敲击着他的脑门，差点让他发疯。

回到布拉格后，他作出了一个决定，这个决定让他放弃了自杀的企图：如果娶不到菲丽丝，他就辞职，离开布拉格，搬到柏林去，当个记者。

3月，菲丽丝好像想再次弥补一切：

"忘了我在公园里跟你说的刻薄话，我当时太累了，精神紧张，我哥哥费里的事弄得我心神不宁。你知道我是多么爱他，我会亲口向你解释的。他遇到的事太可怕了，他不得不立即离开柏林。弗兰茨，如果你要我，如果我对你的爱能让你满足，我很愿意成为你的妻子。你能要我，就当什么事都没有发生过吗？"

"菲丽丝，不管发生过什么，我都会要你。我死也要把你留在身边。我爱你爱到最后一刻。"

他们在复活节又见面了，商谈订婚之事。两家人在柏林鲍尔家见面。依然是短暂而忧伤的重逢。这对未婚夫妻身边没断过人，弗兰茨甚至没有机会拥抱菲丽丝，而菲丽丝似乎也并不后悔没有接吻。

她把婚期定在9月。他感到很惊讶：

"为什么还要等半年？不能提前一点吗？"

她拒绝了。

他们正式订婚的消息刊登在柏林和布拉格的日报上，起草通告的弗兰茨嘲讽道："这四行字让我感觉到是在告诉众人，五旬节的那个星期天，弗兰茨·卡夫卡要在音乐厅举办一场花样滑冰表演！"

在这之后，只需考虑如何安排将于6月1日举办的宴会了。

5月6日，菲丽丝在布拉格。她参观了弗兰茨几个星期里跑遍全城所找到的一套房子。她不喜欢。这对未婚夫妇在任何事情上，无论是选家具还是将来要过的生活，意见都不统一。菲丽丝要求他吃肉，睡在暖和的房间里，在石棉厂花更多的心思，不要半夜写作。她买的大餐台把弗兰茨吓坏了：

"这完全是个棺材板嘛！"他大叫起来。

最后是他父母替他找到了一套漂亮的房子，也是他们付了半年的房租。

"难道他们也想让我睡在坟墓里？"他心想。

结婚的日子越近，他就失眠、头痛得越厉害，心里也越来越忧虑。

5月27日，他母亲和他最小的妹妹奥特拉作为先头部队前往柏林。弗兰茨和父亲三天后去那里与她们会合。五旬节的那个星期一：鲍尔家举办了盛大的招待会。客人众多，冷餐非常丰盛，可新娘好像神情疲惫，显得很苍老，皮肤粗糙，还有黑斑。她的牙齿呢，状况更不敢恭维，全都是镶的。弗兰茨神不守舍，焦虑不安，茫然若失，一脸沮丧，独自躲在阳台上，他脸色苍白，仿佛感到自己被当做犯人铐了起来，四周都是警察。他只想着逃跑，逃到哪里都行，只要能逃出他落入的陷阱。他好像没有注意到格蕾特的出现，也没有发现她正忧伤地看着他。

在接下去的几天，他无法再给菲丽丝写信。所有的信都写给格蕾特了。他告诉她，直到让她相信，他不想也不能结婚，他毫无能力承担这桩婚姻，他全身心地抵制这一结合。他7月3日的信清楚得让格蕾特感到了害怕。

想象一下她该有多么尴尬和激动吧！

面对这种可怕而精彩的表白该怎么办？沉默？告诉菲丽丝？背叛自己的朋友？取代她？

诉　讼

1914年7月12日星期天，柏林的天气晴好得让弗兰茨一下火车就坐出租马车去了他通常下榻的阿斯卡尼什旅馆。走进大堂时，他惊讶地发现了菲丽丝，这是她第一次在那里等他。

她并非独自一人。

她的妹妹艾娜、女友格蕾特·布洛什和外科医生恩斯特·魏斯都在，围在她身边。

设了埋伏？他问自己。格蕾特一定向菲丽丝诽谤了我，她们一起给我设了套。他看着那三个人，两个女人好像很尴尬，躲避他的目光。格蕾特紧张地用手帕汲脖子上的汗，菲丽丝显得非常冷漠，软绵绵地把手递给他。这是为了不让他吻她的脸？只有他的朋友恩斯特·魏斯表现得很自在，好像急于做手术。

他们走进一个包房，关上了门。

菲丽丝坐在她的未婚夫对面。这个四肢长躯干短的男人，潇洒而沉默，让她感到非常生气。她摸了摸自己的头发，重新站起来，止住一个哈欠，然后拉了拉紧紧地束着腰的裙子。她的形体变得臃肿了，她后悔没有好好看看弗兰茨寄给她的缪勒医生的女性体操训练法。

她首先发话：

"弗兰茨，现在该把事情弄个明白了。从5月28日起，甚至在我们订婚之前，你就不再给我写信，一个字都不再写。你所有的信都寄给了我的朋友，你和她一起来糊弄我。我都不知道自己是怎么回事，也不再知道你是谁，你爱谁，你在玩什么把戏。我和格蕾特决定要问个清楚，并且要得到同样清楚的回答。格蕾特，你能先说吗？"

跟菲丽丝不同，格蕾特很激动。她满脸通红，声音迟疑，声调却变了，低着头，看着手里拿着的纸：

"卡夫卡博士，自从我们11月1日在布拉格见面之后，您给我写了67封信。在最后的那批信中，您迫切地告诉我，您不能结婚，您身上的一切都抵制这场结合，可我十分遗憾地看到，大家偏要让你们在这场婚姻中得到幸福，我尤其感到遗憾的是，我影响了你们的关系，到了这种程度。我要承担很大的责任，我不应该……所以我把您的一些信转给了菲丽丝。我用红笔画出了引起我警觉的段落。我不能再沉默了，我不敢再面对菲丽丝，否则就是合谋……"

"布洛什小姐，"恩斯特·魏斯打断她的话，"这些信是寄给您本人的。您现在把它们交给了菲丽丝·鲍尔小姐，是否得到了卡夫卡博士的许可？或者，您事先是否告诉过他要这样做？"

"我会告诉他的。做了以后再告诉他。"

"您认识鲍尔小姐多少年了？"

"5个月。"

"5个月？您住在维也纳，鲍尔小姐住在柏林，你们应该不怎么熟悉。尽管如此，您还是接受这个不可能完成的任务？"

格蕾特没有回答。魏斯医生接着问：

"您为什么要继续跟卡夫卡博士通信？您提到有67封信，是吗？这些信您都回了？为什么您不早点结束这种中间人的角色？"

"我没有，我希望，卡夫卡博士……"

她没说完她的话。想到卡夫卡博士会说，她也把菲丽丝的两封信给了他看，她就浑身发抖。如果她的朋友知道，那会怎么样？那两封信，她敢肯定会对弗兰茨造成影响：菲丽丝曾悄悄地告诉她（这又透露了一个秘密），自己很怀疑自己对卡夫卡的感情。

她沉默了，目光转向卡夫卡博士。他将怎么回答？他结结巴巴，说出几个几乎让人听不清的字：

"没有，确实没有。"

菲丽丝开始训斥起自己的未婚夫来：

"啊，没有！你不继续沉默了。这太容易了！"

她从袋子里掏出那些证据：一沓信，许多段落画着红杠。

"你完全停止了给我写信，给我，你的未婚妻写信，我不过是你写信给另一个女人的借口，你无耻地引诱那个女人，不择手段，你问她一万个问题，关于她，关于她的兄弟，她的猫，她的母亲，她的办公室，她的朋友们，一万个建议和甜言蜜语。为了跟她谈论我，你在这封信中请求她（她用讽刺的语气读了起来）：'亲爱的格蕾特小姐，您是怎么护理牙齿的？饭后刷牙吗？'在那封信里，你还把她叫做'春天的孩子'，跟她讲述你的梦想，你看见她躺在方格床罩上。"

她在堆在面前的纸张中翻寻，叫道：

"你喜欢格蕾特在我的订婚仪式上穿的裙子，却不关心我的裙子，'您的裙子，亲爱的格蕾特小姐，有人要细看，真是的，要用最温柔的眼睛看。'你竟然敢跟她说这样的话。还有更肉麻的呢：'您不知道您对我意味着什么。我真的因您而惆怅。我们结婚后，您马上就到我们家来生活，您应该抓住我的手，我应该也可以抓住您的手向您致谢。'当你抓住她的手以忍受我的存在时，我干什么？看着你渴望另一个女人还是滚蛋？"

怎么才能从这间包房里脱身呢？弗兰茨脸色苍白，寻思着。如何避开这闹哄哄的场面，这张被仇恨扭曲的脸？

他想起了他常光顾的那个妓女，一个胖胖的女子，穿着过时的衣服，戴着不值钱的饰物，让她看起来很富贵。一天晚上，他重新穿上衣服的时候，问她是做什么的。他还记得起她的声音，她的奥地利口音。她告诉他，当一个年老、粗暴或是体臭难闻的男人在她耳边哼哧哼哧，胖乎乎汗淋淋的身体贴着她的时候，她会离开那张简陋的床，离开吻她的那个男人，离开她所住的破屋。她只需想象一个场景，永远是同一个场景，他没有问她想象什么就可以离开自己正在辛劳的身体，远远地在一个总那么迷人的地方飘荡，永远是在同一个地方。

身心分离。我也能做到吗？我能暂时躲避菲丽丝连珠炮式的指责吗？他闭上眼睛，不想再看到从那张嘴中喷射出来可怕的金光。他听到菲丽丝在继续大喊大叫，但一道厚厚的帷幕好像落在了他和指责他的那个女人之间。

"……她的照片，许多照片，你觉得一张还不够……'这是我收到的最迷人、最漂亮的照片！你的肖像，凝视……从早到晚，你……'"

想想耶蒂，他不断地对自己说，想想她在船上的微笑，想想她的飘带，她孩子般的嘴唇，她长长的睫毛，想想我们的散步。

有些话像云一样在飘荡，或者说，是他本人在飘荡，避开了那些话，没有被击中。

"……你对我专横霸道，你用怀疑、抱怨和神经衰弱来折磨我，强迫我素食。我们结婚之前的这些难以形容的行为你怎么解释？你怎么有胆允许你父母雇佣侦探来调查我父母的经济状况，调查他们的人品和我的人品？怎么能原谅你那种小人之心？"

她忍耐得太久的仇恨爆发了，她站得笔直，扯大嗓门，把什么鸡毛蒜皮的小事都向未婚夫抖落了出来，还提醒他说，自己数月来天天以泪洗面，痛苦不堪。她甚至把这个不专一的未婚夫的荒唐事都向那三个判官倒了出来，惊得他们目瞪口呆。

弗兰茨看着菲丽丝，看着她可怜的头发和她严肃的眼睛。她都说了些什么呀？

"你的情人们……一个女孩……里瓦。"

"该做决定了，"格蕾特说，"你们必须终止婚约。"

恩斯特·魏斯非常高兴，他完全同意这一决定。艾娜则在心里希望有更好的解决办法。

大家都发了言。四个判官的目光都转向了卡夫卡博士，他木然地遭受各种谴责的狂轰滥炸，用沉默给自己筑起了一道保护墙。他交抱着双臂，能克制得住心的狂跳吗？他愣在那里，好像无法思考、观察、开口，不明白身边发生的事情：公开惩罚。

谁也不敢打破他的沉默，大家都等着他缓过神来。

他站了起来，大家也跟着站起来。让他们大吃一惊的是，他走向让他摆脱了婚姻的格蕾特。

"您一定恨我。"她说。

"您弄错了，即使所有的人都恨您，我也不会恨您。您表现得像个法官，这对您来说太可怕了，对我，对大家来说也一样。其实，我是站在您这边的，我永远站在您这边。您和菲丽丝对我的指责，我已经回味了一百遍。但您不应该公开我的信。我是永远也不会公开您的信的。"

"请您把它们还给我，我应该把它们毁掉，全部烧毁。"

"不，我要留着，不过您不用担心。"

然后，他去向菲丽丝告辞：

"你有权对我发火，可你为什么要让我接受这场审判？这种公开惩罚？这种侮辱？我觉得自己像条狗！"

当晚，他邀请温柔而富有同情心的艾娜在河边的"美景"饭店吃饭。

"我想安慰安慰你。"艾娜说。

"我不难过，或者说，我是为自己成了现在这个样子而难过，在这一点上，我伤心至极。"

"刚才，您为什么不为自己辩护？"

"我没有什么要紧的事情要说。"

他哼起《卡门》的旋律："闭上嘴，苍蝇就飞不进去了。"

"即使我有重要的事情要说，"他接着说，"我也可能沉默。这是一种应战。"

"为什么？"

"一切都失去了。我看见菲丽丝很悲伤。她是无辜的。两年来，她因我而痛苦，即使罪人都不应该遭此痛苦。但她不明白，只有文学才能让我走出地狱。不过，不谈这些了。"

他要了酒，然后又给自己要了一片烤肉，厚厚的，血淋淋的。艾娜惊讶地问：

"我还以为你是素食主义者呢！菲丽丝经常抱怨这一点！"

"她一定要我吃肉。尽管她逼我，我还是没让步。我一直不屈服于权力，不屈服任何权力。在我家的餐桌上，我跟家人吃的东西不一样，与他们吃的东西相反！所以，今晚和您在一起时，我又成了食肉者。我喝酒。奇怪得很，烦恼让我的身体变得强壮了。"

"今天下午您干什么去了，离开旅馆之后……"

"离开旅馆的法庭之后？我去了游泳池，在那里遇到了许多身体强壮的男人，他们像粗人一样奔跑着。我游了很长时间，然后躺在地板上晒太阳，让我疲惫的关节休息休息。"

艾娜被感动了，笑着问：

"您明天晚上动身？"

"是的。您希望我从卢卑克回来时经过柏林吗？我很想再见到您！我们可以一起去波茨坦。在这之前，我可以给您写信吗？"

第二天上午，他派信使给卡尔和安娜，即菲丽丝的父母送了一封告别信。晚上，艾娜送他去车站，心绪纷乱地向他伸出手，向他保证，她相信他，对他有信心。听了她的话，他感到很高兴：

"我会在卢卑克给您写信的。"他允诺道。

两个星期后，他才在《日记》上提了几句他从此所谓的"阿斯卡尼什旅馆里的法庭"。

他回味了两星期让他蒙受羞辱的那一天，这种耻辱好像永远也抹不去一样。

耻辱，成了他开始创作的那部小说的主题。

那天晚上，或马里安巴德之谜

在恩斯特·魏斯医生和拉埃尔·桑沙拉的陪同下，他赤着脚，在丹麦的玛丽里斯特沙滩度过了两个星期。他是在卢卑克偶然遇到他们俩的，这两个情人的争吵有时让人难堪。旅店很一般，桌上既没有水果也没有蔬菜，只有肉吃，这太可怕了，他感到恶心，但沙滩上几乎没有人，天气很好，大家每天都下海。

在一张照片上，可以看到他盘腿坐在沙滩上。与旁边虎背熊腰的恩斯特·魏斯比起来，他就像个毫无生气的小青年，心神不定，不知所措。他一天到晚回味着菲丽丝劈头盖脸倾泻而来的指责，她对他的公开羞辱刺痛了他，就像有人让他在芒刺上行走一样。他有时庆幸自己摆脱了婚姻，有时又因失去了未婚妻而伤心。他说，他感觉到自己的心像脚下的贝壳一样空空的，随时准备被人一脚踩烂。

回来的时候，他在柏林逗留。像先前说好的那样，他又约见了艾娜[①]，艾娜还是那么可爱。他们一起参观了波茨坦

---

① 寄给艾娜的信没有一封保存下来。——原注

的无忧城堡，在伏尔泰住过的房间里流连。两人相处得很投机，计划圣诞节的时候一起出游。

1914年7月26日，他回到了布拉格，那里刚好开始征兵。生活的改变（其实战争把他从办公室、布拉格和烦恼中拯救了出来）让他闷闷不乐，他对宣战、部队的行动和占领欧洲的狂举毫无兴趣。战争和人民的悲惨处境掘开了罪恶的闸口。

8月2日，得知奥地利参战的消息后，他去游泳池泡了一下午。

他恶狠狠地看着络绎不绝的部队，"最让人讨厌的现象之一，充满敌意"。他冷冷地观察着，经常大胆地痛斥"士兵野蛮，民众罪恶地盲从"。

他的妹夫入伍了，妹妹埃丽决定带着两个孩子费里克斯和格蒂搬到父母家来住，弗兰茨把房间腾给了妹妹，自己搬到她家里去住。

他第一次独自一人，住在一个寂静的三居室里。还是那样单调的生活，上班到两点半，在父母家吃饭，回家，读报纸和信件，睡个长长的午觉，直到晚上9点：步行到家中吃晚饭，10点钟的时候坐电车回去。他坐在书桌前，开始写一本新的小说，直到写得筋疲力尽。除了马克斯，他什么人都不见，但也只有下班的时候能见上几分钟。他的小说进展非常顺利，以至于他在10月份的时候请了一个星期的假，然后

又请了一个星期。他一直写到凌晨5点甚至7点半。这是他的
战斗方式。他完全沉浸在写作的幸福当中，人都变形了。下
午，他独自一人长时间地在霍泰克公园的小道上散步，那是
布拉格最漂亮的地方，有鸟，有城堡，有拱廊，老树还留有
去年的树叶，影影绰绰。他贪婪地阅读斯特林堡的《被放逐
者》，这本小说真是绝了。

很快，他就给马克斯念了《诉讼》的第一章和他着手
整理的文章：《卡尔达铁路的回忆》、《乡村教师》、《替代
者》。"好了，"他说，"五六个故事出现在我面前，就像
马匹来到杂技团团长前面一样。"他只完成了《感化院》和
《美国》的最后一章"俄克拉荷马剧院"。

"阿斯卡尼什旅店的审判"之后，就再也没有菲丽丝的
消息，他也不去打听。10月底，他收到她的一封信，又是一封
忏悔信：后悔对他不好，说自己当时精神紧张，都快崩溃了。

"你能不能告诉我，"她请求道，"你当时是怎么一个
情况？现在又如何？"

力量的对比倒过来了。现在，是菲丽丝求他给她写信
了。

他花了好几个晚上回答她。读着那些厚厚的信纸，一共
有十五六页，人们能感觉到突然发生的变化，面对一个因苍
蝇飞过而分心的学生，教授虽然耐心，却也有点厌倦。

"至于我，三个月来没有任何变化，一点变化都没有，好的变化没有，坏的变化也没有。你还是我最好的朋友和我工作中最大的敌人。"

他解释说，他身上有两个人在搏斗：一个符合菲丽丝的理想，比任何人都爱她；另一个则竭尽全力抵抗她，因为她对他的工作和生活方式只有仇恨和恐惧。然而，对于这两个人，人们无法改变，除非同时把他们打倒。

他补充说：

"我之所以在阿斯卡尼什旅店保持沉默，是因为我眼前一直浮现着你厌恶我的生活方式的样子。"

然而，他有责任专注自己的工作，只有工作才能给他活着的权利。

"我们的通信没有给我们带来什么有意义的东西，"他最后说，"最漂亮的东西下面藏着虫；我不会再给你写太多的信，我们不应该重新开始互相折磨。"

1915年整年间，不到30封信和明信片。但他又提起想见面，提起了婚姻。1月23日和24日，他们在布登巴赫中途相逢，菲丽丝申请护照遇到了困难，不得不兜一个大圈，在火车上熬了一个通宵。

他们又面对面了。她穿着一件小夹克，他觉得很漂亮。两人都觉得对方没变。在他们一起度过的那几个小时里，他们又重新争论起他们分手之前遗留下的问题，大家都不退让，坚持自己的立场，菲丽丝一直要求有舒适的套房，以便根据自己的喜好购置家具（他想起来就发抖）带到那里，要有大量的食物（这还过得去），晚上11点睡觉（这不成问题），一个暖暖的卧室（想起来他就觉得透不过气来）。为了肯定她说的都有道理，她把弗兰茨的手表上的时间调了回去：

"慢一个半小时的手表，没有任何意义。"她说，"很荒唐。"

关于他的工作，她没有提任何问题。没有，一个字都没说。他也同样，对自己的要求毫不退让。这种不顾对方反应的谈话持续了一整个白天。晚上，两人独自睡在自己的床上。他们的房间是相通的，门的两面都有钥匙。当弗兰茨感到他们四周只有烦恼和悲伤时，菲丽丝却大叫起来：

"我们像这样在一起多好啊！"

两人还要在一起待几个小时，弗兰茨不知道该如何打发这段时间，便给她念起了《诉讼》的前几章。她默默地听着，闭着眼睛躺在沙发上，轻声要求把他的手稿带回去誊写，她希望的是别的东西，而不是没完没了地给她朗读。

他们分手了。

"我们在一起没有一次是幸福的，没有一分钟是完全自由的。"在回家的火车上，他这样想。两人都很爱对方，但他不信她能跟他一起生活。

4个月后，5月24日，他们在瑞士的波西米亚地区第二次见面。那是在五旬节期间。菲丽丝在格蕾特·布洛什和新婚的妹妹艾娜的陪同下来到那里（很奇怪，是吗？），弗兰茨（不担心留下痕迹吗？）给奥特拉寄了一张有他和他的三个女伴签名的明信片。

一个月后，到了6月，在弗兰茨的要求下，他们又单独见面了。对于在卡尔斯巴德的那两天，他只留下一点朦胧的记忆：菲丽丝用标准的声音给他唱了许多歌。回来的路上，他哼唱着《致巴蒂尼奥尔人》，那是他最喜欢的法国歌。巴黎又让他魂牵梦绕了。

1916年，他们通信的节奏加快了。他一星期给菲丽丝写许多信，几乎全是明信片。信要经过军事检查，几个星期才能到。由于战争，弗兰茨没有一刻是属于自己的。"更多的义务，更多的烦恼，更多的失眠，更多的头疼（眼睛上方和右边像针刺似的）"，这就是他现在的状况。矿棉厂，那家可怜的工厂，重担全都压在了他的肩上，原先管理工厂的堂兄参军去了。办公室里，由于缺乏人手，他的工作时间增加了，每天工作8小时。这还没完，父亲又要他帮助照看商店，因为大部分职员都上了前线。他从早到晚干个不停。没有一秒钟是属于自己的，他再也没有力气写作，痛苦得犹如笼中的老鼠。

4月，菲丽丝读厌了那些不解决任何问题的来信，要求见面。他小心地提醒她：

"想想我们先前的几次见面，你就不想再见了。"

他告诉她，他想去马里安巴德度假，一个美得不可思议的地方，周围是高大而漂亮的森林。他经常去那里出差，上个月才去过呢！菲丽丝提出来去那里见他。

"完全同意。"他回答说。

7月1日晚上，他极高兴地合上了案卷，口述了最后的要点，告别了被整理得井井有条的办公室。

在马里安巴德，菲丽丝在车站接他。在睡莲旅店，他的房间很可怕，朝着一个院子，事情一开始就不顺。第一个晚上很痛苦。第二天，两人决定要过得愉快点，搬到了巴拉美尔城堡的一家豪华大酒店里，在那里开了一个宽敞漂亮的房间。但他们的吵架破坏了一切，为了避免自我封闭，他们在外面散了很长时间的步，有时冒着雨，有时顶着烈日。他靠读《圣经》解闷。

他试图把跟菲丽丝的谈话压缩到一个主题，也就是他最感兴趣的问题：5月份由西格弗雷德·勒曼、马克斯·布罗德和马丁·布伯创办的柏林犹太人之家。他一定要让菲丽丝去那里当义工，她答应回去考虑考虑。弗兰茨相当高兴，立即要求马克斯给她寄简介。这个机构的任务是增进西方犹太人和东方犹太人的联系，让大量涌入柏林的俄罗斯和波兰的年轻孤儿接受教育。

弗兰茨鼓励菲丽丝：

"在这份工作中，你采到的蜜会比在马里安巴德森林所有鲜花中采到的蜜还多。"

8日，他们去了特普尔，弗兰茨必须在那里解决一个职业纠纷。他们的关系仍不融洽。在那座小城里，他们只待了几个小时，弗兰茨抽空给马克斯写了三行字：

"我真混！我真混！我折磨她，也把自己折磨得要死。"

9日，什么都没改变，乌云并没有散去，他们能怎么办？然而，经过一连串可怕的白天和更为可怕的夜晚，真的出现奇迹了，他们度过了几天非常轻松的日子，弗兰茨没想到竟然能过上这样的日子。

他们相处融洽，感觉很好，以至于7月10日，显然是在菲丽丝的要求下，弗兰茨给鲍尔夫人写了一封信。他有权重新称她为"亲爱的母亲"了，他告诉她，他和菲丽丝的关系"将会大大加强"。

12日，他告诉奥特拉，他和菲丽丝之间的关系发展得非常好。

13日，他们去了马里安巴德附近的一个温泉疗养区弗朗泽巴德，朱丽·卡夫卡在女儿瓦莉的陪同下在那里疗养。

"战争一结束我们就结婚，我们搬到柏林郊区去住。"他大声宣称。和他母亲的这场见面，菲丽丝也在场，进展得十分顺利，顺利得……让他感到了害怕。

出了什么事？12日，他给马克斯（知情者）的一封厚厚的信中道出了一些隐衷。看到"真实的"（是否应该说"赤裸的"）菲丽丝时的那种恐惧消失了。他发现自己一点都不认识她了，她向他伸出了双臂。他同意帮助她，他和他的前未婚妻建立了一些至今为止从未有过的关系。跟她的关系亲密了之后，他看到了一个女人警觉的目光。

"女性的深渊洞开了，她温柔的目光是多么漂亮啊！我无权抵制。我第一次相信，男女是可以生活在一起的。"他得出了这样的结论。

写出这些话该是多么大胆啊！要说出"门闩拔掉了"，这是多么困难啊！他们做爱了。

是第一次吗？没有人知道。可以肯定的是，那天晚上菲丽丝很相信他。他克服了对那条"狭窄的、可怕的长缝"的恐惧。他后来说，他发现了未婚妻消瘦而高贵的身体之美。在接下去的几个夜晚，好像得到了同样的快乐。5天的快乐。

14日，菲丽丝回到了柏林，他独自在马里安巴德待到7月24日。尽管他抱怨头疼得厉害，但人变得更平静、更放松、更感性、更迅速和果断了。他劝叔叔到马里安巴德去度假，说那是一个平静得像天堂的地方，人被逐之后，没有比那里更好的地方了。他寄去了那座城市的地图，还附了一张单子，上面列举了什么东西好吃、什么地方好玩："到狄安娜酒店吃早餐（加糖的牛奶、鸡蛋、蜂蜜和黄油），在马克斯塔尔酒店吃点薄食（凝乳），到睡莲饭店匆匆午餐，到商人家里吃水果，匆匆打个盹，在狄安娜酒店用碟子喝点牛奶，在马克斯塔尔酒店匆匆喝点凝乳，在海神饭店吃晚饭（蔬菜摊鸡蛋、爱芒特干酪、一份煮鸡蛋配一份新鲜的小豌豆），然后坐在市政厅公园数钱，去糕点铺吃点心，最后在半夜里睡觉，就像我在这里度过的三个星期那样。"

森林里的空气让他胃口大开。弗兰茨被美食毁了，一边散步一边吃多汁的黑樱桃。他发胖了，他读书，写作，在林下灌木丛中一走就是几个小时。他光着上身，躺在覆盖着又厚又暖的青草的壕沟里，一个人在那里晒太阳，躲避众人的目光。多么幸福啊！这种不高不矮的丘陵，其景色正是他所喜欢的。对他来说，高山和大海太过英雄气质了。

他从马克斯那里得知，他的希伯来语教授乔治·朗格在马里安巴德，陪伴着一位名人，贝尔兹的犹太教教士，阿西迪姆主义的领袖。出于好奇，也是为了让马克斯高兴，他加入了那十个人的行列，簇拥着那个圣人散步。第二天，他就给朋友写了一封长信，详细报告了那位犹太教教士的一举一动，一个像谜一样的人物，语出惊人。

回到布拉格之后，见婚期渐近，他不觉又担心起来，心想，两人都以为双方靠得很近，立场坚定，其实，那都是空的。

在差不多4个月的时间里，他在写给菲丽丝的信中，只谈她在那里当义工的犹太人之家。他实行了一种真正的独裁，等待她的某种服从和屈服。他说，他很喜欢享受指挥他人的巨大快乐。

他要求未婚妻给他寄一张照片，身边要围着她所照料的那些女孩。

"照片上清楚地展现了肉眼绝对看不到的东西。"他对她说。

他向她咨询关于那些来自东方的避难少女的一切，任何细节他都感兴趣。他几乎每天都给她们寄书，讲解每部作品，大赞狄更斯的《小杜丽》，并在包裹中塞了些糖果、巧克力、玩具和花生。

他最后甚至这样给她写道：

"那些女孩就好像是我的孩子，犹太人之家让我们靠得那么近，在我们之间建立起那么强大的精神联系，我执意要负担你为她们付出的所有开销。请帮助她们。"

唯一让人高兴的话题：慕尼黑的戈尔兹画廊。晚上，人们在那里组织现代文学活动，邀请马克斯·布罗德和卡夫卡公开朗读他们的作品。马克斯选择了自己的诗歌，弗兰茨选择了《法律门前》，他觉得那是他在1914年期间写得最好的东西。

他建议菲丽丝到慕尼黑去找他。他还不知道自己朗读的具体日子，甚至不肯定这一计划是否能实现。但他后来又谈到了那场旅行，他会的，不，他不会。我会去的。不。我没有签证，也没有书刊审查许可证。

"奇迹中的奇迹"，好了，一切都解决了。菲丽丝找借口说没空，他一定要她去。她同意了。11月10日星期五，他一大早就独自从布拉格出发。马克斯没有跟他一起去。他所在的邮政局有一份重要的工作，单位不同意他请两天假，他只得让弗兰茨替他朗读诗歌[①]。

《变形记》德文版封面

傍晚，弗兰茨到了慕尼黑，在巴伐利亚酒店找到了菲丽丝。当晚[②]8点，弗兰茨朗读了他的"卑鄙故事"，完全无动于衷，他说，好像那篇文章跟他毫无关系似的，他的嘴比空空的火炉还冷。而通常，他会激动得歇斯底里，他的朋友都还记得他朗读《变形记》时的那种狂热。

在慕尼黑的那天晚上是一场

[①] 戈尔兹画廊是在马克斯·布罗德的要求下才邀请他的，卡夫卡知道这事后非常生气，一定要把自己获得的双份酬劳付给马克斯一部分。——原注

[②] 里尔克并不像有的人认为的那样，参加了那场朗读。读了《变形记》之后，他曾写信给卡夫卡的出版人："弗兰茨·卡夫卡写的书我都要。我可以向您保证，我不会是他最差的读者。"——原注

惨败。菲丽丝和大多数听众一样，都被吓坏了。在那个监狱里，人人都有罪，除了死刑没有别的刑罚，痛苦赎不了任何罪恶。犯人实在是苦海无边。

第二天星期六，吃中饭的时候，他们走进了一家很破烂的点心店。菲丽丝很生气，粗暴地告诉了他关于他那篇东西的看法，他要发火就发火去吧！她表现出来的敌意大大地打击了他，他大声地反驳道：

"我的罪恶感一直很强，你没必要添砖加瓦，我的胃口没那么强大，吞不下这样的东西。而且，我并不是只有这篇东西才悲惨，到目前为止，我写的所有东西都是这样的。我们的时代，尤其是我的时代极为悲惨。我悲惨的时间比所有的人都长。如果上帝允许我想怎么写就怎么写，鬼知道我会堕落到什么地步！"

"老天保佑，别再这样悲惨了。没有人想听到这样残酷的东西。"

"残酷的东西到处都是，门口就有。我曾寄你茨威格^①的《匈牙利的礼仪谋杀》，你读了吗？我读到某些章节的时候哭了，不得不停下来。"

"你的监狱比那部犹太悲剧更让人恶心！这个钉齿耙把

---

① 阿诺德·茨威格（1887-1968），德国作家，非我们熟悉的另一位同名作家斯蒂芬·茨威格。——译注

法律刻在了肉上，真是虐待！你怎么写得出来！"

"法律不是用来教的，它必须渗透到血肉当中。可你不喜欢我写的任何东西，在你看来，我的著作没有一部是美的，甚至包括《目光》，你曾同意把那本书的版税打到你的账上。"

"这毫无关系！我要提醒你，是你自己提出来这样做的，我根本就没有请求过你。至于你的出版商究竟给我打了多少钱，我们现在来谈谈吧！"

她越说越生气，指责他强迫她来到慕尼黑：

"我更乐意到柏林去看你。你再一次只想着自己，想着自己的快乐，而不是我的快乐。我觉得在这一点上你很自私。"

"我不能接受你指责我自私。你想也不想就说我自私，好像这是理所当然的。"

星期天，天一亮他就走了。

他们的第一场争吵曾使他文思枯竭，慕尼黑的吵架和失败却激发了他的创作热情：除了收入到《乡村医生》中的14个短篇，他还写了《桥》、《猎人格拉胡斯》、《煤桶骑士》、《中国长城建造时》、《邻居》、《日常困惑》、《关于霍桑·潘萨的真相》、《塞壬的沉默》和《关于罪恶的思考》。

他的工作效率从来没有这么高过，工作条件也从来没有这么好过。白天，他住在炼丹术路奥特拉借给他的漂亮的小屋子里。住在那里舒服极了，半夜里高高兴兴地回到自己的房间去睡觉，他在肖波恩大酒店租了个套间，那是马拉·斯特拉那最高级的酒店之一。套间有两间房，很高，很漂亮，金碧辉煌，让人仿佛置身于凡尔赛宫。他在1月初①的信中给菲丽丝详细描述过。

7月初，卡夫卡家族在布拉格举行了第二次订婚礼，没第一次那么排场。战争已爆发了三年。仪式举行的第二天，这对未婚夫妻就去了阿拉德的特兰西瓦尼②，菲丽丝的一个妹妹住在那里。两人在布达佩斯停了一两天，旅途漫长，有点累，他们的关系不那么融洽。

弗兰茨在维也纳停留了一阵，独自回到了布拉格。

睡眠不错。

婚礼定在9月份。

① 1917年1月初至9月30日之间，没有任何信件保留下来。9个月的"黑洞"。——原注

② 罗马尼亚地名。——译注

自由……自由!

　　他并不是很清楚天究竟是几点钟黑的。他会在凌晨4点跟奥特拉说话,凌晨5点跟菲丽丝说话。他睡了,把他惊醒的是一种怪异的感觉,嘴里有一大口唾沫,那种味道以前没有过呀!他起身吐了一口,并且,打开电灯,看看自己吐出了什么东西。奇怪,一块鲜红的凝血,很耀眼。他碰到新鲜的事情总是很激动,但也有点怕,他起了床。马上又吐了第二口,接着是第三口,伴随着一条长长的血丝。他在房间里来回踱步,最后走到窗前,把窗开得大大的,看着外面,呼吸着温暖的空气,离天亮还早呢!他漫不经心地扫了一眼手表,回到床上。还有血。他喝了点水,漱漱口,去掉让人恶心的味道。他凝视着浸满血的毛巾,血几乎已经变黑。他心想,他刚刚打败了他5年前投入的战斗。他不是拿破仑,他走不出科西嘉岛。头疼和失眠弄得他筋疲力尽。这是一场令人沮丧的失败,是无条件的投降,他用血签了投降书。

　　在这种失败感之后,在这痛苦之后,他显得有点激动,因解脱而狂喜。战斗结束了。5年的痛苦结束了，让他发疯的头疼和失眠结束了。瓦砾中产生了一种幸福的自由感，一种突如其来的轻松。他陶醉于内心的平静，重新躺了下来，一直睡到早上。

他从来没有睡得这么好过。

第二天，他又咳血了，血量少了点。他决定不告诉父母。他去了自己的医生那里，米尔斯坦医生诊断为急性气管炎。

"8月份都会着凉？可我大冬天都不会感冒。"弗兰茨讥讽道。

当天晚上和以后几天，他又咳血了。医生让他去作些检查，照肺部X光。9月4日，在马克斯的坚决要求下，他去看了皮克教授：

"两个肺的顶部都感染了，有可能得肺结核。您得在乡下长住一段时间，好好休息，见光，您需要新鲜空气和阳光。"

让教授大吃一惊的是，弗兰茨紧紧地握着他的手，热烈地感谢他。Very well①！

他不可思议地跳着跑下三层楼梯，把这消息告诉了马克斯。

---

① 原文为英文，意为"很好"。——译注

马克斯惊呆了：

"有可能得肺结核？你好像并没有意识到这有多危险。"

"这种病有可能是个守护天使，发展下去才可怕。眼下，得了这个病，我感到是件快乐的事情。在病中有许多甜蜜的东西。"

"我不明白你的意思，你遭遇不幸却感到高兴？"

"你必须换种口气说话。事情没那么简单，可是，在乡下住三个月，晒太阳，远离办公室，那是多么幸福的自由啊！"

他补充说：

"我不想隐瞒病情，可我不想对父母说，他们要担心的事情已经够多了。你们说话小心点。"

9月9日，咳血一个月之后，他写信给菲丽丝，把自己沉默的理由告诉了她：肺出血。突然发生在34岁的时候，没有家族史。他强调说自己得了结核病，但长期以来折磨他的最最难受的头痛和失眠，现在却消失了。他像以前那样开玩笑说："大脑说，这不能继续下去了，5年后，肺部宣布它要闹事了。"他又说："面对结核病，我就像一个紧紧抓住母亲裙褶的孩子。"

他还告诉她，他要去妹妹奥特拉家里休息。奥特拉是个天使，把他驮在翅膀上，带他穿过了一个遍布障碍的世界。

在这封告别信中，他像以前一样称她为"亲爱的"，对自己一点都不怜悯。他对自己前段时间的情况作了个客观的总结，交给他"可怜而亲爱的菲丽丝"，这份东西给他们奇特的爱情敲响了丧钟。

1917年9月12日晚，他到了齐劳。除了短时间去了两次布拉格，照X光和看医生，他没有离开过那里。"我很不想离开齐劳，"他写信给马克斯说，"我用牙齿死死地咬住这里。"他在那里一直待到1918年的4月30日，也就是说7个月。他一生中最平静的7个月。

他住在妹妹家里时，她刚把收获的啤酒花搬入谷仓。在一个助手的帮助下，她在开垦姐夫卡尔·赫尔曼的农田，卡尔正在前线打仗。

现在还留有弗兰茨和奥特拉的许多照片，都是在那个农场的门廊前拍的。那是一座让人感到很亲切的低矮的房子，背景是森林茂密的丘陵。弗兰茨住的房间尽管朝东北，但宽敞而温暖，十分舒适。他只抱怨一点：吵。天一亮，白铁工就开始敲白铁了，好不容易消停一会儿，一个工人又敲起木头来。对面的院子像个诺亚方舟，什么声音都有，此起彼伏，鹅像复仇女神一样冲向池塘，阁楼上，老鼠不知廉耻地吵闹。附近的一座房屋里，有架钢琴，可能是波西米亚整个西北部唯一的一架，是一个富农的女儿的，她整天使劲地踩踏板，一心梦想去布拉格生活。

在这种生活中，弗兰茨不再寻求宁静，有清新的空气、森林和阳光他就满足了。他发现了一个很大的场地，可以躺在那里晒太阳：那是一个高坡，或者说是一个半圆形的大盆地中心的小高地。他光着上身，或穿着衬裤，像国王那样躺在一张宽大的旧椅子上，垫着坐垫，前面放着两个圆凳。别人几乎看不到他，偶尔会有一两个人在高地边伸出头，对他大喊：

"快从长凳上下来！"

他没有动。一动不动地在阳光下待上几个小时，按医嘱大喝未经消毒的生奶，要么是冰的，要么很热。

"也许，"他对奥特拉说，"将来有一天，我会成为村里人的偶像。"

他也做一些农活。喂山羊，只需拉下叶子最稠密的树枝，让牲畜够得着。当山羊大声地嚼着美餐时，他观察着它们。这些山羊就像是波兰的犹太人，这只特别像他的舅舅阿尔弗雷德，那只像费里克斯，那只呢，像恩斯特。

晚上，他坐在厨房里拣蔬菜，想着给马克斯和奥斯卡寄一对山鹑和4公斤面粉。在这物质匮乏时期，即使在农村，也不容易弄到牛肉和黄油，连鸡蛋也很少。

他重新阅读《大卫·科波菲尔》，他写美国的那本小说的第一章"司炉"深受狄更斯的启发，他经常这样说。他想起了父亲和上个月发生的塔格里亚芒托战役，想起了弗兰茨·韦福尔。他给父母、马克斯和朋友们写了一些信，马克斯的夫妻关系出现了严重的危机。

他起草了一封给菲丽丝的绝交信，但又觉得她比他更模棱两可，便没有把信寄出。

他观察着周围的农民："那是一些躲藏在农业中的高贵者，他们充满智慧和谦逊地组织农活，远离所有的波动。他们是大地的真正公民。"

他的病呢？几乎感觉不到了。他不发烧，也几乎不咳嗽，有些气短，这倒是真的。呼吸有些困难，但体重增加了，睡眠改善了。他的到来让妹妹感到很高兴。傍晚，看到她手里拿着一件宽大的外套或端着一碗热汤向他迎来，他便对她说："我们是理想的一对，独自跟你在一起，我感到最开心了。"

菲丽丝宣布说她要来。弗兰茨试图让她打消这个念头：路途太长，多次转车，但她执意要来。那就让她来吧！经过30个小时的旅行，9月21日，她到了。疲劳和深重的忧伤浮现在她的脸上。她的到来只让他产生了一种罪恶感。他看着她，竟然一点都不激动，连自己都感到惊讶，他只担心自己的某些习惯会遭到破坏。他站在她面前，没有说话，让奥特拉去跟她聊天，带她里里外外地参观。晚上，妹妹给他使了个眼色，他勉强演起了戏剧，其目的无非是想让大家高兴高兴。他演戏的本领还没忘，菲丽丝心情放松了，也许又产生了希望。弗兰茨的健康状况似乎不错！

她第二天傍晚就走了。弗兰茨看见她和奥特拉上了车，沿着池塘边上开，这时，他径直跑过去拦住了她们，再次站在他追了5年的那个恋人面前。今天，他脸上毫无表情，无力地跟她握了握手。永别了！

星期天，他到车站去接母亲，母亲只来一个白天。儿子生病的事，她完全蒙在鼓里。得知他来到了乡下，远离了可怕的战争，住在奥特拉家里休息，她感到很高兴。下火车时，她大声地说：

"你的脸色多好啊！"

看到弗兰茨笑了，她又补充说，两三天前，她曾问菲丽丝，儿子的心情是不是很好，"你知道她怎么回答我的吗？她说她没有留意！"

他避免直视母亲，他以前一直没有时间想她。生育了6个孩子，整天干活，完全缺乏保养，让她身体肥胖，都变了形。他想起了大妹妹，三四年前

卡夫卡的父亲赫尔曼·卡夫卡

还是个身体苗条的年轻女子，生了两个孩子后，身体马上就发胖了，看起来已接近母亲的样子。她们激起了他的无限同情，所以他竭力不让她们为他的健康担心。他休息是为了家人。没别的。

赫尔曼·卡夫卡可没那么好骗，他不断地问奥特拉：

"你哥哥为什么一周又一周地延长假期？难道仅仅是因为累了吗？这不可能。"

11月22日，经过布拉格时，奥特拉乘母亲在厨房里忙活的时候，简要地把事情告诉了父亲。肺结核这个词让父亲大为震惊，他没有回答女儿，但脸上的表情已经变了。

她安慰父亲说：

"在齐劳，弗兰茨体重增加了，睡眠很好，他需要什么就有什么。离开了办公室和工厂，他完全变成了另外一个人。他会康复的，问问他的医生你就知道了！"

父亲还是忧心忡忡。

"千万别告诉妈妈和姐妹们，"她补充说，"弗兰茨一再要你保证。"

菲丽丝、母亲和他的秘书凯塞小姐的来访引起了他情绪上的波动，之后，他便拒绝马克斯、奥斯卡和费里克斯来看他，他觉得自己没有心情再接待他们，而宁愿给他们写信。他给他们讲述"老鼠之夜"："那是一群什么东西啊！无言，吵闹，可怕。像是被压迫的无产者，从事着地下工作，夜晚属于它们。我起来，点灯，昨天，我不敢这么做，唯一敢做的事情便是喊一嗓子，试图吓吓它们。早上，由于恶心和难受，我没能起床，一直伸长耳朵想听听那只不知疲倦的老鼠一早上都在柜子里做什么，以便结束这个晚上或开始另一个晚上。现在，我抓了只猫在房间里，尽管我一直不喜欢猫。甚至连家里做的面包暖暖的味道和好闻的香味都会让我感到老鼠的存在。"

他试图模仿道士，想在自己四周，在自己身上创造出一个空白。

"我是个中国人。"①他这样对妹妹说。

他躺在刚刚买来的一张长椅上，腿上盖着被子，凝视着山丘。在那个秋末冬初，黄昏时分，森林被染上了一层金色的晚霞。

世上的声音沉默了，或者说越来越轻。

---

① 爱丽亚斯·康内蒂认为，卡夫卡是我们在西方所能找到的唯一的中国式作家。——原注

"你的命不该如此"①

在齐劳，当着奥特拉的面，菲丽丝不敢问弗兰茨什么，想单独跟他悄悄说会儿话，但他都避开了。在回家的火车上，她不知道该怎么办。弗兰茨的健康状况不错，晚上才咳嗽，而且也不那么厉害。他为什么那么冷淡、沉默、与她保持着距离？她离开之前，他们俩曾独自站在门前的石阶上，看村中的广场，看了很长时间。他们没有交谈，这场荒谬的旅行和弗兰茨难以理解的行为让她心里很不是滋味。难道他忘了马里安巴德？忘了他几个星期前才给她写的信："你是我生命中的一部分"？

回到柏林后，她希望他能来一封信。时间一天天过去，什么都没收到。她的嫁妆一行行排列在房间里，放得整整齐齐，好像在嘲笑她。母亲的目光中充满了指责。姑姑们、朋友们和同事们也在不断地问她：

---

① 当他告诉母亲，他的第二次订婚又宣告流产时，母亲这么可怜巴巴地安慰他。——原注

"哎，什么时候举行婚礼？"

这种不确切性让她的日子过得味同嚼蜡。应该见跟弗兰茨见一面，面对面单独谈谈，就像在马里安巴德一样，要求他作出解释，也许是最后一次解释。哪怕牺牲圣诞假期，她也要把事情弄个水落石出。

在一封信中，她失望地要求弗兰茨到布拉格来与她见面。

"你不能再遮遮掩掩了，必须把真实的想法完完全全地告诉我。"

12月24日，他离开了齐劳。25日，菲丽丝到了布拉格。两人见面了，第一天过得很顺利，他们谈到了所有的问题，除了那件最重要的事情。菲丽丝很冷静，很和蔼。晚上，他们一起去看马克斯，弗兰茨和菲丽丝都没怎么说话。沉默了一整个晚上，双方好像都很失望。第二天上午，才7点半，弗兰茨就去敲马克斯的门："为我牺牲一个上午吧！"他对马克斯说。他们来到巴黎咖啡馆。沉默了很长时间后，马克斯才惊讶地问：

"你想让我干什么？"

"什么都不想。"

"那为什么要我今天上午跟你一起？"

"帮助我打发时间。我的决心不可动摇，我想做的事，只能我自己一个人做。我相信，这次，坚决废除婚约，我便完成了一件大事，我丝毫不怀疑其正确性，否则我会下不了手。

但这一举动的正确性并不意味着给5年的感情画上句号也完全
正确。"

马里安巴德之谜，那是留给我自己的秘密。为什么……

他没有说完这句话。

下午和第二天变得十分可怕。他必须说服菲丽丝，她不能
嫁给像他这样的人。他检讨说给她带来了不幸，弄得她跟朋友
格蕾特·布洛什不和，她父亲的去世他也有责任。他曾以各种
方式折磨她，对她实行专制，要求她学游泳，做体操，不要再
咬糖块，永远要更努力地帮助犹太人之家……

菲丽丝用手捂住他的嘴：

"别说了，弗兰茨，求你了，你在胡说，乱说！"

"那就别再问我为什么要伤害你，别再羞辱我。"

他压低声音，接着说：

"我要告诉你一个秘密，我永远不会再康复了。我的结核
病并不是躺在长椅上就能治好的，这是我需要的一个武器，只
要我活着它就必然存在，可它和我无法都活着。"

27日早上，他送菲丽丝去车站。他知道自己不会再见到
她，自己永远不会再听到她的声音。看着她登上一节车厢，看
着火车开动，他无法克制撕心裂肺的悲痛，脸色苍白、严峻、
冰冷，躲到了马克斯身边。邮局经理室里并不是就马克斯一个
人，有个同事就坐在桌子对面。弗兰茨不管这个人，好像没看

到似的，也不顾周围的嘈杂，一屁股坐在朋友的身边，嚎啕大哭起来。

马克斯很沮丧。他认识弗兰茨以来，这还是第一次看见这个朋友哭泣，当众大哭，泪流满面。他听到弗兰茨一边抽泣一边喃喃地说：

"到了这种地步，难道不可怕吗？不可怕吗？"

尤丽叶·沃里切克

二、尤丽叶

1919年1月至12月

"我像是《圣经》中的鸽子被派去执行任务，但没有找到任何绿色的东西，于是又回到了漆黑的诺亚方舟。"

——《给米莱娜的信》，1920年9月

尤丽叶，被遗忘的人

10月初，肆虐欧洲的西班牙流感击倒了他。高烧到41度，持续不退。母亲日夜守候着他，在他床头哭泣，以为他要死了。她想起了她的两个儿子乔治和海因策，一个6个月大的时候就死了，另一个死于一岁半。

身体刚刚恢复的弗兰茨又倒下了。肺部疾病加重，流感治愈后，他瘦极了，医生让他到乡下长期养病。

1918年11月30日，母亲把他放在布拉格北部的一个乡村，叫谢尔森，他知道那个乡村。在那个季节，他是奥尔加·斯图德尔小姐的小旅馆里唯一的寄宿者。他将在那里待4个月，每天60克朗。

白天，他躺在露天阳

母亲日夜守候着他

台上的长椅上，裹着毯子，看着对面森林茂密的山岗。那里非常寂静，只有两只狗，梅塔和鲁夫在激烈争夺时会叫上几声。弗兰茨常把吃剩的午餐从窗口扔给它们。

1月的一天，来了第二个寄宿者。这是一个28岁的年轻女子，叫尤丽叶·沃里切克。隆冬季节，旅店、山丘、森林，目光所及之处，一切都被冰冷的雪所覆盖，在阳光下闪着晶莹的亮光。大家都以为是在萨米①，外出只能用雪橇。但室外的严寒让这两个大病初愈的寄宿者整天躲在"那个真的中了魔术的住处"里面。

他们产生好感就像在喜剧电影里一样：弗兰茨和尤丽叶在空空荡荡的走廊里闲逛时，走进空无一人的餐厅时，离开相隔好几米的餐桌时，坐在宽大的客厅里时，常常不期而遇。这太滑稽了，他们一遇见就大笑起来，笑得眼泪都流了出来。他们笑两人太相像，像得很奇特，甚至连脸型都像，嘴巴也像；他们笑对方太害羞，他们的笑没有动机，笑个不停，互相对视，无法不爆发出大笑，感到很难堪。奥尔加小姐每次看到他们大笑，都会举起双臂，喃喃地说：

"那两个人，那两个人……真让人搞不懂！"

他们一起待了6个星期。晚上，他们长时间地聊天，他

---

① 位于北欧芬诺斯堪的纳维亚半岛的北部，大部分在北极圈之内，被认为是"欧洲最后一块原始保留区"和"圣诞老人的故乡"。——译注

给她讲述他两次失败的订婚，她则难以从未婚夫的死所造成的悲痛中自拔，她的未婚夫在前线战死了。弗兰茨觉得尤丽叶普通而又惊人，漂亮（她让他想起了格蕾特·布洛什）、诚实、可爱、保守。"这是一个售货员，"他写信给马克斯说，"脆弱，相当无知，富有献身精神，"还大着胆子补充说，"她并不比扑向灯光的那只飞虫更有意义。"

弗兰茨的自闭也让尤丽叶感到吃惊。他整晚都在给朋友、妹妹和父母写信，中午才起床，只吃点蔬菜和干果，喝几公升牛奶。晚上，他几小时几小时地大声朗读，手舞足蹈，走来走去，就像个演员，眼里闪耀着喜悦的光芒。他难以满足的好奇心也让她觉得不可思议，弗兰茨不知疲倦地问她关于制帽行业的事情：帽子是怎么做出来的？根据草图来做，还是按照布的大小来做？做帽子需要多少时间？帽子上有面纱、缀着花朵？卖给谁？卖多少钱？

弗兰茨很有分寸，因为尤丽叶极敏感。他也对她父亲的行当感兴趣，尤丽叶的父亲在一个小镇当补鞋匠，还给犹太人中心看门。

她在回答时使用了大量意第绪方言，有的非常雷人，让他感到很不自在，但他丝毫没有流露出来。

尽管有较大的文化和社会差异，他们还是情投意合，心心相印。两人在一起的时间越来越多，弗兰茨会在半夜里裹着床单，穿过漆黑的走廊，跑到尤丽叶的房间门前，从门底下塞进一封信。回到床上之后，他便等待回信。现在，当他们早晚打招呼时，弗兰茨敢非同寻常地长时间握住这个年轻女子的手了。很快，他就提到了结婚：

"这是最高的目的，但对我来说，这条路已被堵死。我的健康状态太差了。"

"我呢，原因不一样，但我也不想再结婚了。"她说。

"您不想要孩子？"

"不想。战争爆发后，我的未婚夫死了之后，我就不想要孩子了。"

"您想过一种什么样的生活？"

"一种能让我忘记我曾经历过的苦难生活。我只梦想着电影、轻歌剧和时装，没别的。"

"既然我们拒绝婚姻，我们就不能在一起了。公众舆论法庭会判我们分离。"

几天当中，他们表现得很勇敢，抵制相互的诱惑。他们错开时间吃中饭和晚饭，以避免见面。尤丽叶缩短了晚上待在客厅里的时间，弗兰茨也在自己的房间里待更长时间。他们尤其避免以"你"相称、互相拥抱。

到了该分离的时候了。令人伤心的时刻。尤丽叶请她的一个姐姐带她去布拉格。弗兰茨瞥了一眼那个女人，觉得她有点手足无措，有一种天生的善良。

他一个人在谢尔森又待了三个星期，直到3月底。他没有写信给尤丽叶，一个字都没写。她人虽然走了，影子却在他眼前挥之不去。他相信事情不会到此为止。

一回到布拉格，他们就重新见面了。不可能不这样，这有什么好怀疑的？他们成了情侣。

开始了一个幸福与平静的时期。他们几乎每天都约会，但为了不让别人看见他们在一起，两人不得不在林中散步，在公园阴暗的小路上，或夜幕降临时在布拉格的街上散步。他们东藏西躲，这种谨慎让弗兰茨感到有点没面子。

当他亲爱的妹妹奥特拉正式订婚①，选定7月15日举行婚礼时，他恐惧地发现自己又要一个人了，这促使他作出了一个疯狂的举动：向尤丽叶求婚，但遭到了拒绝。他坚持不懈，摆出许多理由，动摇了那个年轻女子的决心。他对自己说，这是一桩爱情与理智的婚姻。尤丽叶给他带来了他所需要的安全感。

他又在城里跑来跑去，一个街区一个街区地走，想找套

①　尽管父母反对，奥特拉还是嫁给了一个名叫约瑟夫·大卫的捷克基督徒。马克斯·布罗德觉得这一联姻是犹太教的一个损失，而卡夫卡却支持妹妹："你做了一件不同寻常的事情，正确地做出一件不同寻常的事情是极其困难的。但是，要永远不忘做这么一件困难的事情将让你承担的责任，这要比嫁给十个犹太人更难。"——原注

房子。

一天晚上，他向父母宣布了这个消息，希望把他的新未婚妻介绍给他们。

"补鞋匠的女儿？整个波西米亚地区最穷的人的女儿？我的儿子，你是想娶他？一只讨厌的鹅也能轻而易举地把你勾住？你妹妹要跟一个天主教徒结婚，你现在又给我更狠的一击。你是不是要我死啊？是不是啊？"

他威胁说要远走高飞，以躲避这种不恰当的联姻带来的耻辱。他还提醒儿子，别忘了跟菲丽丝两次废除订婚，让他白白地花了大笔的钱，半年的房租也泡汤了。他吼叫道："我的儿子，两次失败还不够，还需要第三次吗？如果你需要妓女，那就去妓院吧！如果你这个年龄怕自己一个人去，那我陪你去！"

弗兰茨第一次没有被吓倒，父亲的谩骂和蔑视反而增强了他的决心。他在布拉格郊区找到了一个寒酸的一居室。找到住处的那天，他就定下了结婚日期。

他刊登了结婚公告。

星期一，他和尤丽叶去看了他们的住处。两人坐在沙发上，互相搂抱在一起。那个年轻女子很享受这一刻，经过了那么多的苦难之后，她终于得到了这个家。她的未婚夫就坐在她旁边，那是她幸福的保证。她流下了幸福的眼泪。弗兰茨的心里也很乱：他刚刚才意识到灾难临近了。星期天，他们将搬家，以后将天天跟尤丽叶生活在一起，天天见到她的裙子、她的帽子、她的内衣、她的小饰物，闻到她的体香，在窄小、简陋、阴暗和拥挤的小屋里听她唠叨，他将不能再写东西。他的心跳得很厉害，目光也模糊了，墙壁、天花板和地板都开始晃动，他的脸上和身上都布满了汗珠。他觉得自己快倒下了。

星期五，离结婚的前两天，房东改变了主意。他们拿不到那套房了。

他得救了。

在几个星期内，他假装相信生活仍像以前一样在继续。他和尤丽叶一起在里热公园和植物园散步，一起在饭店吃饭，一起在切尔诺游泳。

之后，他便不再纠缠，他听见了现在响彻耳边的警告。失眠差不多要把他搞疯了，他把自己比作一个正被活活烧死的人。他建议尤丽叶签一份关于忠诚与爱情的条约：

"我们继续见面，你想什么时候见就什么时候见，但我们不再谈婚论嫁。"

到了11月中旬，他再也坚持不住了，逃跑了。逃到哪？谢尔森，他们相遇的地方。马克斯陪着他。十来天后，弗兰茨一口气写了《致父亲的信》。

回到布拉格之后，他让奥特拉看了这封信，然后把它交给了母亲，母亲聪明地没有把它转交给收信人。赫尔曼·卡夫卡直到生命的最后一天也不知道，儿子在跟尤丽叶的婚姻流产之后的第二天，曾给他写过这么一封信（差不多80页），他也不知道儿子对他的指责和他对儿子的指责。弗兰茨还像以前那样，充当双方的律师，投入双重的诉讼：儿子对父亲的诉讼，父亲对儿子无情的反驳。

他是否向父亲提出了这种解决办法和这一建议：和平解决？大家可能会怀疑。弗兰茨比任何人都清楚，他经常抱怨！父亲从来没有翻开过他写的书，包括他题赠父亲的《乡村医生》。父亲没有读过一页，没有读过一个字，弗兰茨每次把自己的书送给父亲，父亲总是不看一眼，不碰一下，好像那是个让人讨厌的东西，扔下一句后来全家人都齐声重复的话：

"把它放在我的床头柜上。"

弗兰茨知道他写给父亲的信会遭到什么命运。这也许就是他的语气如此随便的原因。他能从中得到他所期望的好处吗？他能足够接近真相，让自己的生与死更加容易吗？

从谢尔森回来之后，他重新开始跟尤丽叶见面，但一切都不一样了，他变得漫不经心、粗暴、沉默、封闭了。日子在烦恼、沉默、忧虑和无聊中一天天度过。故事停止不前，并且将长期如此。

米莱娜·延申斯卡

三、米莱娜

1920年4月至11月

"在西方所有的犹太人当中，我是最典型的，即，夸张地说，我没有一刻的安宁，没有人给我任何东西，一切都得我自己去获取，不仅是现在和未来，也包括过去，这大家都免费分得的东西。这一点也是如此，我得去争取，这也许是最艰巨的工作。如果地球往右转——我知道是不是这样——我得转到左边去抓住过去。然而，我无法把整个世界扛在肩上，我的肩膀连我的衣服都支撑不起。"

——《给米莱娜的信》，1920年5月2日

米莱娜，幻想的结束

他们是在阿尔科咖啡馆相遇的。弗兰茨进去喝他最喜欢的东西：热巧克力，上面铺一层厚厚的奶沫。他独自一人坐在桌边，她过来走到他身边：

"您是卡夫卡博士吗？我叫米莱娜·延申斯卡，恩斯特·波拉克的妻子。我想您认识他？"

她指了指正跟一个红发女人说话的丈夫。弗兰茨也站了起来，向站在他面前的这个十分年轻的女人欠了欠身。这个金发女人眼睛碧蓝，身材苗条，面对面看着他，腼腆地笑着。弗兰茨倒翻了糖罐，自己却没有发觉。

他凝视着她，忘了回答她。

"我想把您的许多书译成捷克文：《煤桶骑士》、《审判》、《变形记》、《监狱》。"

"花那么大的劲？不值得。"

"值得，值得。您的作品是所有年轻的德国文学中最重要的。我已经翻译了《煤桶骑士》，你的出版商库尔特·沃尔夫让我来求得您的许可。"

"您是翻译家？"

"是的，我刚才对您说过。我也是个记者。我能把文章寄给您，让您替我改改吗？"

"您住在布拉格？"

"不，我住在维也纳。"

阿尔科咖啡馆

他们交换了地址。她向他道了别，弗兰茨目送着她走远。

他还记得她那天穿的衣服，记得她的手势很活跃，她苗条纤细的身体在阿尔科咖啡馆的桌子间穿行。是的，他今天还记得这些。

4月初，他离开了布拉格，去蒂罗尔南部的梅拉诺休息。他一直感到很疲倦，不断地请假，没能给自己的婚姻画上句号。离开两个月就想让尤丽叶放弃？尤丽叶死死地缠着他，泪水涟涟。他没有告诉她他在阿尔科咖啡馆遇到了谁，也没有提起他收到了米莱娜的两封信。那两封信他一直放在口袋里，像摸护身符一样摸着。

在梅拉诺，他住在弗勒里希小姐开的奥托堡膳食旅馆里，坐在房间的阳台上，凝视着一直爬到脚边的花朵和下面花园里茂密的赤道植物。吃早餐的时候，一只麻雀来拜访他。弗兰茨扔了一点面包屑过去，观察着自己的计谋。此时，那只鸟正在阳台上晒太阳，觊觎着维持生命的食物，面包屑扔在阴影中，就在房间的门槛上。它只要往前跳几下，就可以把面包屑全吃了，但它害怕在陌生的地方冒险。它大着胆子跳了几步，停下来，又往前走了几步，接着又后退几步，松了松自己的羽毛，给自己壮胆。受欲望的驱使，它一下子跳到离盛宴几厘米的地方，但最后还是放弃了，由于惊恐而飞走了。

4月中旬左右，弗兰茨开始给米莱娜写信。他已不再是当年那个身手矫健的诱惑者，1912年8月13日晚上，他按响了马克斯·布罗德家的门铃，马上决定要征服菲丽丝。他现在39岁了，头发已经花白，上楼梯也不再一步几阶。大部分时间，他都躺在长椅上。散步的时候，他都感到呼吸急促。

遇到米莱娜时，他绝没想到自己还想再见到她，尤其是现在，尤其是在年龄这么大的时候，他知道时间对他来说很重要。他再也开不起玩笑了。

米莱娜可不是菲丽丝。

她像暴风雨一样闯进他的生活时才23岁。23岁，经历复杂，名声不佳。她小的时候就照料过母亲几个月，眼看着母亲痛苦、憔悴，在她怀里死去。她父亲是个有名的口腔科医生，一个生硬、粗鲁的男人，拒绝照料她。

成了孤儿的她，放任自由，十来岁就开始尝可卡因，出入声名狼藉的场所。一天晚上，她穿着衣服游过莫尔多河去跟情人会面。她常在咖啡馆打发下午，给画家当裸体模特，在旅馆里租间房接待两个闺密，查莎和雅米拉（有人私下说她们是同性恋）。她给她们送了许多束鲜花，还有裙子、小饰品，花钱如流水。

18岁时，她在一场音乐会遇到了恩斯特·波拉克，决定跟他同居。那个年轻的男人是个拈花引蝶的好手，一个赌徒，一个喜欢夜晚出去游荡的所谓作家。耶辛斯基医生得知他女儿与一个犹太人，一个出入酒吧的文人交往，便把她关在布拉格附近一家心理治疗诊所里。她在疯子当中生活了9个月，直到成年才解放。一出来，她马上跑去嫁给了波拉克。耶辛斯基医生跟女儿断绝了关系。

夫妇俩住在维也纳。他们缺钱，生活拮据。米莱娜给布拉格的一些杂志和报纸写专栏，专栏写得很不错，被女权主义者乘机利用。米莱娜也教捷克语，翻译外国小说。身无分文或只能靠苹果和茶充饥时，她便戴上一顶帽子，跑到中央车站，给游客们拖行李。她的丈夫，一个"有40个情妇的男人"公开欺骗她，喝了酒之后经常虐待她。家里债台高筑，让她还不胜还。遇到卡夫卡的时候，她的健康状况并不是很好，气管接二连三地发炎，连续咯了两三次血，夫妻关系出现了裂缝，她再也没有钱了。

4月，弗兰茨和米莱娜开始通信，11月停止。不到8个月。他用德语给她写信，她用捷克语回答，往往是用铅笔。他曾抱怨过。他的信留下了150封左右，米莱娜的信却一封也没留下。[1]我们只有她的文章：赞扬黑色的小裙子和时装，赞扬咖啡馆和星期天的集市，赞扬火车和卓别林的电影，辛辣地讽刺婚姻和夫妻生活，"可恶的家庭生活"，还有她与仍被她叫做"弗兰茨"的卡夫卡结束关系时写给马克斯的8封信。弗兰茨在他的前几封信中把自己的姓的起首字母和名字并列地放在一起，米莱娜没有看见"茨"字，他也没有戳穿她。他是另外一个人，属于她一个人。

米莱娜把生活中的不幸告诉了他：她身体不好。他很惊慌，请求她离开维也纳，到湖边去休息，对呀，为什么不去他现在所处的梅拉诺呢？

"哦，天哪！米莱娜，要是您在这里该多好啊！"他写信给她说，"不过，如果我说我想您了，那是在说谎：因为，您在那儿，像我一样，不，您在而我不在，那真是最残忍最不可思议的魔法了！我不是在开玩笑，我有时会想，是您在这里想我，因为您在这里，您在问自己：他在哪里呢？

---

[1] 卡夫卡死后，她要马克斯·布罗德把信全烧了。——原注

他不是写信告诉我说他在梅拉诺吗？"

她告诉他，父亲跟她断绝了关系（铁石心肠的父亲，弗
兰茨见识过。6月21日，他把《致父亲的信》寄给了她）；对
他说自己夫妻关系不和，经济状况困难（他给她寄了钱）。
反过来，她也打听他的私生活，他的三次订婚，他跟犹太教
的关系，她想知道他害怕什么，想知道他所害怕的一切。

从4月到6月底，他们每天通信，经常一天写几封，而且
总是寄快件，一兴奋就激动地电报来往。弗兰茨以留局自取
的方式，把信寄给一个并不存在的克拉梅夫人，米莱娜一早
一晚去邮局取。两人都在期待当中，迫切地想知道得更多一
些，说得更多一些：

"这样狂热地写信是不理智的，"弗兰茨写信对她说，
"一仰头，喝下去的全是句子。什么都忘了，只知道不停地
写信。米莱娜教授，请您给我解释。"

他们互相之间的吸引力太大了，以至于一到6月初，他们
就以'你'相称，开始谈情说爱了。

"再对我说一遍'你'，"他写信给她，"看着我的眼
睛。"

弗兰茨多次称身体强壮的菲丽丝为"我亲爱的女孩"、
"我的孩子"。今天，他把米莱娜叫做"我的宝贝，我的宝
贝"。昨天，他还斗胆叫了一声"米莱娜妈妈"。那位威严
的年轻妇女，"是团旺盛的火，我从来没有见过那么旺的

火"，他对马克斯谈起她时这样说，并且要求他永远不要再使用这种滑稽的词语。

当他读到米莱娜平静的信，他会很高兴："这是落到滚烫的头上的雨水。"当她粗暴地对待他，给他寄带刺的信（经常），让他害怕得要命时，他便找个家具，躲到下面，那就不单是忧虑不安了。

"文字，诞生在难以排遣的痛苦中的文字，"他对她说，"它们不过是难以排遣的痛苦。用文字写出来的吻到不了它想去的地方，它在半路上就被幽灵吞噬了。"

6月12日起，他再也忍受不了这种转弯抹角的信件了。

"必须停止写信了，米莱娜，这些信会把我们搞疯的。我们都忘了自己写了些什么，忘了对方回答的是什么问题，总之，大家都害怕得发抖。"

第二天，他又改变了主意：

"还是每天给我写信吧，两行也行，就一行，一个字。这个字，我一旦看不到，会痛苦万分。"

当他告诉她，他要离开梅拉诺回布拉格时，米莱娜要他、求他经过维也纳，他的信已经满足不了她。弗兰茨感到很恐慌，加上他刚收到尤丽叶的一份电报，他几乎读不懂："6月8日在卡尔斯巴斯见面，请确认。"他打电话给他的未婚妻，"我的身体太虚弱了，无法作这场旅行。他害怕，非常怕去维也纳，怕他的信和书所创造出来的幻想与现实不同。

"我不愿意，我不愿意（这不是口吃），我不愿意经过维也纳，我所缺乏的是一种精神力量，三次订婚弄得我病恹恹的，失眠和头痛让我的头发几乎全白了。想想我的这38年吧（要翻倍，因为我是犹太人），而你才23岁，而且是个基督徒。"

"来吧，"她回答说，"我深陷于痛苦当中，需要你出现在我身边。我不希望看到的老是一张写满字的信纸而不是你的脸。"

"我害怕，我并不累，但我害怕这种巨大的不安所带来的极度疲劳。"

"想一想你写给我的话：'一次，十次，千次，我永远都想待在你身边。'"

"我是真诚的，米莱娜，但有很多事我无能为力，甚至所有的事情我都无能为力。"

"来吧，紧紧地把我搂在你的怀里。我爱你！"

"未来的每一个小时都嘲讽地看着我：'你收到了这封信，却还没有到维也纳？没到维也纳？没到维也纳？没到维也纳？'"

"来吧！"

"我现在还不能对你说我是否会去维也纳，但我深信我不会去的。"

"你会来的。"

"今天，我也许会说我肯定会去维也纳。可明天呢？我保留我的自由。"

"我等你。"

"如果我去维也纳，我周二或周三打电话给你。"

"你要来。"

"米莱娜，如果你周四没有收到气压传送的信，那是我直接回布拉格了。我已经两个晚上没有睡觉了。"

"我想见你。"

"星期二我会在维也纳，除非临时发生了什么事。"

1920年6月29日，上午10点，弗兰茨到达了火车南站，住在里瓦旅馆（里瓦，这是一个吉兆），但附近有个修车厂，马达声隆隆作响。他要了一杯可可和一个糕点拼盘，坐在桌边拟电文。他告诉米莱娜他到维也纳了，约她第二天上午10点以后在旅店门口见面。吃完早餐，他把信放在邮局里"留局代取"，然后想利用白天的时间去参观城里的一个好玩的地方，准备一下次日的见面，让心里平静一些。他担心自己的出现，让米莱娜看到一个又长又瘦的人，她的脑子会清醒起来，结束这场短时间的魔怔。

从6月30日到7月4日，他们一起待了4天。

4个想入非非的日子，听米莱娜说话：

"如果我闭上眼睛，我便会看见你在维也纳，在我身边。我又看见了你白色的衬衣和你褐色的脖子，你在爬山，你在我后面脚步声声。你整天都在走，不是上就是下，你待在太阳底下，头枕着我赤裸的乳房，你没有咳嗽一声，你吃得很多，动作灵活，心情愉快，整天睡觉。"（她知道些什么？他们从未同居过一夜。）

弗兰茨要更保守一些：当然，他并没有忘记他们长时间散步的森林，在林中空地，他们躺在暖暖的草地上，米莱娜的脸在上，然后在他的脸下面。他们身体进行了亲密接触，很温暖，但时间很短，他们的身体界限分明。他没忘记在回来的路上，风鼓起了米莱娜长裙的衣袖；他也没忘记出现在远方的维也纳，没忘记坐车在乡镇兜风，沿着铺石小路往上走，小路被晚霞照得金灿灿的，他幸福地靠着米莱娜敞开的肩上。

"跟你在一起多么美好！"他不断地这样说。

他经常想起那家漂亮的文具店，他们走进去，紧紧地挨在一起。他后悔没有在那里待更长的时间。在米莱娜的房间里，他又见到了那个巨大的柜子，他不喜欢那个柜子，它让他想起菲丽丝所买的那个柜子，大得像棺材一样。这些年轻的女子，她们需要这么大的家具干什么？一旦结婚，她们要往里面塞些什么？

米莱娜跟丈夫谈起了弗兰茨，就像在歌舞剧中那样，恩斯特大发雷霆，发誓要揍，不，要掐死那个可怜的情人。弗兰茨听了笑笑，对米莱娜说：

"他怎么没掐啊？"

离开维也纳之前，他知道自己正输了一局。他每天晚上都独自回到里瓦旅馆，每天上午也独自度过。耳边有个小钟在敲：米莱娜不跟你在一起。她不会因为你而离开丈夫。你的乞求没有任何作用。

他回忆起在柏林与菲丽丝见面的往事。每次见面都是一场灾难。他的信越是加深、加强了他们之间的关系，他一出现，就越像酸一样，把这些关系全溶解了。他心想，现在会旧戏重演吗？7月4日，米莱娜天一亮就起来了，穿着她最漂亮的裙子送他去车站，那是告别的裙子。当弗兰茨在站台上搂住她，给了她一个吻（太明目张胆，太用劲了），那个年轻的女子不高兴了。他知道他失去了米莱娜。他们用那么多激情、信件、信件，还是信件，用表白和忏悔一同创作的小说，两人都投入得很快乐，但那只不过是一本小说，一个在远处抖动的幻景。

"我现在不能离开我丈夫。"

这是真的。米莱娜只说了一些不重要的理由：

"恩斯特病了，没有任何经济来源，他无法一个人生活。谁给他擦鞋子啊？"

回到布拉格之后，弗兰茨发现办公桌上有封尤丽叶来的信，要求3点在她家楼下跟他见面。他决定向她和盘托出。6点，当他到达的时候（他已经通知她说自己会迟到），他发现她脸色很难看，但一点都不慌乱。他对轻瘫（把真相原原本本地说出来，不管会产生后果）很内行，于是不断地向她重复说：

"我跟米莱娜在一起，我跟她融为一体了，我只能跟米莱娜在一起。"

干脆利索。

尤丽叶的脸都扭曲了，浑身发抖，义愤填膺：

"那个女人已经有丈夫了，她爱她丈夫，她偷偷地出来见你。你在布拉格，她在维也纳，她还需要你吗？让我写信给她，她会明白我没有别人，只有你。如果失去了你，我就一无所有了，不再有活着的理由。"

"我不会忘记你的友谊和爱，你知道得很清楚。"

"我想看看她给你写了些什么。把她的信给我！"

"不可能。"

"告诉我她丈夫的地址。"

她求他，她陷入了巨大的失望之中。为了安慰她，结束这场谈话，弗兰茨允许她写信给米莱娜。

夜幕降临时，他们分手了。第二天上午，弗兰茨紧急给尤丽叶写了几个字：

"在我们谈过之前，别往维也纳寄信。"

尤丽叶天一亮就把信写了。当弗兰茨用气体传送的快件到达时，她刚把信寄出。她连忙跑到邮电总局。把信取回来时，她如释重负，以至于昏了头脑，把自己的钱全都给了柜台的职员。当晚，她就把信给了弗兰茨。

那天晚上，他们最后一次见面。在之后的几天，他们又通了几封信，然后，在他们俩之间，一切都结束了。

对于尤丽叶的指控，他该怎么办？他连信都没拆就把它寄给了米莱娜，由米莱娜来回复那个"小"怨妇。

尤丽叶对于情敌的回答（非常无情）又该怎么办？她把它转给了弗兰茨，不置任何评论，只是用铅笔标了些内容。她在这个句子下面画了两杠："忘了他！他从来没跟我谈起过你，从来没有写信告诉我关于你的事。"

多大的谎言啊！从第一封信开始，弗兰茨就跟她谈起尤丽叶，把她叫做"小东西"。他忠实地把自己的订婚、见面、通信等情况都告诉了米莱娜，甚至请求她帮助他结束这种关系！当他与尤丽叶彻底断交时，他意识到了这种做法有多疯狂。他只无数次乞求米莱娜的原谅。

1920年7月15日，尤丽叶失踪了。就是在那天，她在回信中拒绝了弗兰茨，这并非不明智。之后，大家知道她开了一家卖帽子的小店：弗兰茨曾建议奥特拉去那里看看，去买个帽子。

几年后，尤丽叶得了幻想症，被关了起来，后来死在了疯人院。是在1930年、1931年还是1932年？当年，米莱娜也被父亲关在那里。尤丽叶是否烧毁了未婚夫的信，以便把他从自己的生活中驱除，正如他把她从自己的生活中驱除一样？没有任何信件留下来。

那个卖帽子的漂亮女店员，弗兰茨说她"有一种迷人的天性"，关于他们俩的关系，我们是从弗兰茨寄给尤丽叶的姐姐的信中了解到的。那个女人，他曾在谢尔森瞥见过一眼，当时她去那里把尤丽叶带回布拉格。为什么给一个陌生的女人写这么长的信，足有20来页？她什么也没问他，也从来没有跟他说过话，当然对他们田园式的爱情和他们的绝交也一无所知。他是想为自己辩解？或者是想让他们的交往，让促使他们分手的事情留下一点痕迹？他像一个写回忆录的人那样，想把自己所遇到的人物、历史中的突变和生活中的事件都好好留下来。

格蕾特把弗兰茨从菲丽丝那里解放了出来，米莱娜又让他从"小东西"那里摆脱了出来。以同样的方式：用他塞到她们的手中的东西——信。

离开维也纳，第一次出现裂痕之后，弗兰茨和米莱娜继续通信，仍那么频繁，仍写得那么长，但弗兰茨的语气变了。爱情一直放不下，但给他带来的只有痛苦。

"你是我最爱的人，米莱娜，你还是我身上的一部分

（尽管我不应该再见你），但你是我反手扎进自己伤口的一把刀。"

他用哀伤的、几乎是苦涩的语气对她说：

"米莱娜，想想我们那4天光明的日子，你就不应该犯下这种错误：万千美好的事情都因为你确信每天晚上能回到丈夫身边。我并不想与他争斗以获得你，这种战斗只存在于你自己身上。我不但不会让你从恩斯特身边离开，反而要加深你们的关系。"

他还说：

"如果我在那四天里就说服了你，你就不会再回维也纳了，而是立马留在了布拉格。"

"是这样，你曾要求我离开恩斯特去找你，我没有同意。我不能！我太小女人了，无法接受你苦行僧似的生活，无法接受你百分之百的斋戒。我脚踏实地，对生活充满了爱。"

"人不出现，你没法救他，米莱娜，这你是知道的，没别的办法。"

"你说得对。如果我来到你身边，而你又恳求我不要抛弃你，我会把我的爱证明给你看。可你永远得不到这种证明，它会让你害怕。"

"我的恐惧是我身上最有价值的东西，它就是我的存在，这也许还是你爱我的原因。"

7月底，米莱娜表达了想立即见面的意愿。是不是到了这时才令人厌烦地商量这趟旅行的日期、天数，一天还是两天？关于火车时刻表，"我的脑袋就是一个火车站。"他说。他们决定在半路上会面，在奥地利和捷克边境会面。离出发还有几天，米莱娜病倒了，取消了行程。她向弗兰茨承认，她不知道向丈夫编什么谎话，害怕遭到他的暴力。

后来，她又决定8月14日星期天，在两趟车之间的6小时内见面：她早上7点从维也纳出发，11点到达格明德，傍晚回去，到家应该快半夜了。这样，丈夫对她的失踪就不会起任何疑心。

格明德的会面是一场灾难。为什么？对此，俩情侣都没有透露半点风声。弗兰茨一连五六次对米莱娜说：

"我们得写写关于格明德的事，或者谈谈。"

但他没有这样做。米莱娜也没有兴趣再谈论在格明德发生或没有发生过的事情。那段往事，他们都不想提及。有什么意思呢？

除了见面的6个小时，那天的其他时间又发生了什么？看看这段简短、惊人的对话吧：

"你在布拉格背叛了我？"

"米莱娜，我都听不懂你在说什么。"

弗兰茨下令说：

"别再跟马克斯通信了。我不希望任何人介入我们俩的事或把任何人强加给我们。如果我的健康状况让你担心，病的是我而不是你。只有我能告诉他关于我的事。"

有些迹象告诉人们，在那座边境城市里，这对情侣（现在已经不是了）互相谈了很多，谈了很久，但像陌生人一样。

"更严重的是产生了一些误会（什么误会？），"他写信告诉她，"还有耻辱，几乎难以洗刷的耻辱（什么耻辱？因自己极度疲劳无力而感到耻辱？唯有愿望是真的，他能肯定）、谎言（如果我来维也纳找你，你将待在我身边，其他的一切都是谎言）。"一切都是他的错，他远远配不上她，"站在你旁边，我感到自己很龌龊。"

让我们来回顾一下：离开维也纳，待在格明德的那6个星期里发生了什么？关于那段时间的丰富细节也许能从某些回信中一见端倪。

弗兰茨头脑空空，一身疲惫，像败兵一样离开了维也纳。又是一场失败！专制而刻薄的米莱娜给了他几张采购清单，于是，他一家店铺一家店铺地跑，寻找她要他买的针织品和十本书。为了给她寄包裹，他还要排长队，申请必不可少的出口许可证。他还在包裹里塞了一些钱。

那两个漫长的白天，酷暑逼人，树荫下也有38度，有轨电车罢工了，他在墓地里走来走去，寻找米莱娜死于摇篮的

弟弟耶尼克的墓。他老是要弯腰察看墓碑上已经褪色的金字，看得头昏眼花。心烦地找了很久之后，他终于发现了那个婴儿的墓，原来，当时不是以父亲的姓氏耶尼克埋的，而是以母亲的姓氏。米莱娜忘了告诉他这个细节。

当他把一束五颜六色的石竹花放在墓碑边上时，他想，米莱娜为什么要派他来找这个死了20多年的人的墓？是想惩罚他？惩罚他什么？惩罚他放弃了他们的爱情，没有和她一起生个孩子，永远也不会跟她一起生孩子？

她让他去找洛兰商量，那个《论坛报》主编，让人讨厌，说话滔滔不绝，米莱娜就是替他写稿。然后又让他多次去见她儿时的两个女友：他觉得第一个女友太可怕了：

"一提起地狱，"他对米莱娜说，"我的脑海里立即就浮现出斯塔莎的样子。"

另一个呢，叫雅米娜，长得像个幽灵，像死亡天使，正惹上麻烦呢：她丈夫约瑟夫·雷内发现她跟他们的一个朋友有染（也许是柏拉图式的），自杀了。这消息让弗兰茨和米莱娜都感到了某种威胁：恩斯特会不会也这样啊？

另一个任务更难：米莱

卡夫卡的目光犀利中透着忧郁

娜病了，缺钱，她想跟父亲讲和，以便从他那儿得到一份长期年金。弗兰茨觉得自己没有资格去见那位傲慢的耶帝斯基教授，宁愿跟他的女助手兼情妇弗拉斯塔交涉。多次来回之后，他终于赢了：米莱娜可以如愿去湖边的圣吉尔根疗养了。

当他把这个消息告诉她时，她却大发雷霆：

"你把事情都给办糟了。你真是愚蠢、冷漠、粗鲁得可怕！"

6个星期来，他冒着酷暑在城里跑来跑去，爬上一眼望不到尽头的螺旋形楼梯，多次登门，忍受斯塔莎和雅米娜的唠叨和可气的指责。许多天，他整个下午都在跟让人讨厌不安的人谈话。到了晚上，他已经筋疲力尽，坐在椅子上一动不动，满腔怒火，浑身是汗，汗水好像是从额头上、脸颊上、太阳穴、头皮和脑门上喷出来的。他无力地看着窗外，目光无法从对面一栋两层的房屋上移开。

晚上，马克斯来看他，他累成那副样子，让马克斯非常惊慌，便瞒着他写信给米莱娜，态度坚决地要求他放过他的朋友：

"他的病情加重了，难道您不知道吗？"

当夜晚带来一丝清凉，当他不再咳嗽，尽管头还疼，他仍坐在书桌前，认真地起草报告，汇报任务完成的情况。报告中充满了笑话，尖刻地讽刺这个那个，希望能博得米莱娜教授的感激、微笑和恭维。

他在头脑中打破了自己的规矩。

"除了说得恶毒的话,灵魂还能怎样摆脱重负?"他在信中这样写道。那个忘恩负义的女人打电报来道歉。太晚了,他荒谬得连自己都沮丧了,无法剥去自己用指责一层层涂上去的毒液。他无法再看米莱娜的信,请求那个年轻的女人从窗外消失,他已无力再跟一个狂风骤雨般的人生活在这个房间里。

怨恨、内疚、厌烦、幻灭,这也许就是正在发酵的东西。

无数场景中可能有这样一幕:

卡夫卡太怕跟米莱娜见面了,以至于很多天都没睡着。下火车时,他担心得腿都发抖了。米莱娜上前来迎接他,穿着他喜欢的裙子,告别的裙子。这个头发花白、步伐缓慢的男人,两眼冒着恐惧的光芒,盯着她,想对她大声地说:"米莱娜,你在向我走来的时候,就是走向深渊啊!"见此情景,那个24岁的年轻女人忍不住后退了一步。格明德的这个男人,不再是维也纳见到过的那个男人了,不再是她喜欢的那个温柔、快乐、机灵的男人。向她张开双臂的这个男人病入膏肓,她感觉到难以克制的巨大失望浮现在眼前这个男人的脸上。

在一起待了6个小时。先躺在草地的一个角落里,后来,天下雨了，他们便卧像一般地躺在车站旅馆的床上，旅行推销员住的那种旅馆，裹着脏乎乎的床单。

弗兰茨闭着眼睛，紧紧地抓着米莱娜的手，好像怕自己淹死。她没有脱下他的衣服，他也没有吻她裸露的乳房。她抚摸着他的脸，好像在摸一个发烧的孩子。沉默的间隙，他又回到了同样的话题：

"如果你不能，如果你不愿离开你丈夫，而你们的婚姻状况又那么差，这不是因为恩斯特病了，不是因为他控制了你，而是因为你不想跟我生活在一起。我才是你的灾难。我不但没有让你离开你丈夫，而是让你们关系更紧密了，这就是我老想着的事实，其余的一切不过是谎言。别再提什么未来，我们永远不会生活在一起，甚至连生活在同一个城市都不可能。我们只有现在。"

"别再折磨我了！"她大叫起来。

"我跟你说过无数遍，米莱娜，我什么都不会，只会忍受折磨，或者折磨别人。"

"为什么要这样？"

"弄清真相。强迫别人说出真话。"

离开那个房间之前，那个年轻的女人也许在厕所待了一会儿。内疚和罪恶感让她心碎，她想起了马克斯的信，马克斯让她饶了弗兰茨，她没有理会，仍不停地指责他。她想，他很快就要死了，已经没有力量活下去了。弗兰茨是世上唯一一个永远不妥协的男人，没有人有他那么大的力量，没有人像他那样需要弄清绝对的真相。完完全全。

在回车站的路上，弗兰茨决定给妹妹奥特拉寄一张明信片。那是他的朋友，他的知心人。为什么要寄一张到得比他晚的明信片呢？想留个证据，证明自己见过米莱娜？他太累了，心想自己要倒下去了。他口述了两行字，让米莱娜写下来，米莱娜又在这两行字下面加了一句："他没能坚持到最后。诚挚的问候。"这就让留证据的可能性更大了。奥特拉保留了这张明信片，可以看见上面有米莱娜的字迹，但没有她的签名。婚后女人的谨慎。

格明德之后，她前往圣吉尔根休息，在那里待了两个星期，在那两个星期以及整个11月，他们都在想同样的问题：我们的关系为什么会结束？

卡夫卡继续将之归罪于自己。

"可真正的理由，"他写信给她说，"是我无力摆脱这些信，你的上千封信。纵使我的愿望万千，也将无济于事。"

他再次跟她谈起了自己的恐惧，这种恐惧延伸到所有的事情上面：怕大，怕小，怕夜，怕不夜，怕说一句话就痉挛，怕在一个布满陷阱的地方冒险，怕未来，怕一切厚颜无耻的东西，怕被抛弃，怕夜，怕不夜。但最怕的还是辜负别人对他的期待，他极怕让喜欢他的女人失望，老想着自己无能。当他们在维也纳躺在草地上做爱时，他多次感到自己的脖子被人掐住。他突然感到恐惧时，米莱娜盯着他的眼睛。两人等待了一会儿，他缓过气来，然后，一切又都变得简单明了了。

他把自己的第一次性经验告诉了米莱娜，只告诉她一个人。他说，那是他害怕性的原因。当时他才20岁，还是法学院的学生，夏日的一天，天非常热，他一边累得要死地在默诵罗马法的某一章，一边看着窗外衣帽店那个年轻的女店员。那女孩就在他对面，站在人行道上乘凉。她看着他，他也看着她，两人对视而笑。他们通过几个手势约会见面。8点，当他到达的时候，她正在跟一个男子说话。离开时，她示意弗兰茨跟着他们。她和那个男人来到一家咖啡馆坐下，要了一瓶啤酒。他也在临桌坐下来。之后，那两人朝女孩家的方向走去，弗兰茨跟了上去。

对他来说，这让人生气、激动、恶心。那男人告别了。不一会儿，弗兰茨和女店员来到旅馆里，直到凌晨才离开。两天后他又见到了她，几个月来呻吟的身体放松了、舒服了。不久，弗兰茨去度假，回来的时候，看见那个女孩就难受，而那个女孩却那么可爱。他无法对她说一句话，甚至连说声道歉也不能。什么也不能。

　　为什么？在旅馆里的时候，那女孩虽然十分天真，但做了个可怕的动作，他对米莱娜说，他就不细说了；那女孩还跟他讲了一句小小的脏话，这也不值得重复，但这些东西强烈地吸引了他。

　　后来，他的身体（他谈起自己的身体就像谈起一个由自己负责的物体）周期性地受到那种难以摆脱的欲望的冲击，让他受不了。他渴望一点肮脏的、让人厌恶的小东西。那两件可憎的小事，那小小的动作，轻轻的话，在他脑海里挥之不去。他一直以为，那种肮脏的东西，那种恶心的东西是整体的一个组成部分，永远只留给他一点回忆，一点恶臭，一点硫磺味，一点地狱的味道，让人感到有种极乐。

　　"这件小事决定了我的性生活，历史上的重大战役也一样，"他讽刺说，"爱情的命运是由小事决定的。"

　　他只在《日记》中讲述了自己对妓院的爱好："我从妓院旁边经过，好像我爱的人曾住在里面。"他这样写道。他每天在布拉格散步时，都会选择有妓院的马路，经过时他感到很刺激。

　　有时，他会跟她们当中的一人搭讪。6月，有6次。他不知道还有什么比满足这种欲望更开心、更纯洁的事了，他一点都不感到内疚。他喜欢稍微成熟一点的胖姑娘，穿着过时的衣服，衣服上的各种小玩意儿让人觉得有点奢华；臀部肉感的他也喜欢。有个妓女，除了他，没有一个人觉得有魅力。她穿着很紧的黄大衣在马路上招客，弗兰茨在路上遇到她时，几次回头看她。昨天，他遇到一个女孩，真是丑死了。尽管如此，他还是很喜欢。

在巴黎，他常和马克斯·布罗德去逛妓院。他描写过里面的布置，全都安装着电铃。遗憾的是，客厅里女孩太多，紧紧地贴着你，让你无法挑选。

"我都不明白自己是怎么回到街上的，不明白，瞬间发生了那么多的事情。"

太快了？

认识米莱娜之后，他也就再没有荒唐地被迫进入那些肮脏得让人难以置信的地方了。由于她，他不再留恋肮脏的东西。他不再害怕。

说实话，在格明德，他唯一担心的是米莱娜永远不会属于他。他已经失去了她。

卡夫卡的挚友布罗德

1920年11月20日，他结束了他们的情书往来。米莱娜屈服了，对他说，她只想离开他，完全离开。

12月中旬，他跑了。在医生的建议下，他躲到了马特利亚里的一个疗养院里，那个疗养院在海拔900米的塔特拉特群山当中，既收病人，也接待来打猎的游人。他不断地延长假期，在那里待了半年，直到1921年8月26日。

他向马克斯·布罗德、奥特拉和其他朋友生动地、往往是快乐地描写在找到合适的房间之前他所住的那个房间，还描述了其他寄宿者的样子，他们有三十来人，转述他们的谈话内容。他懂得倾听，显得很真诚，而客人们在他面前也一点都不拘束。在饭桌上，大家谈论犹太复国主义，抨击犹太人富有传奇性的懦弱（在战争期间，他们本来可以利用这种胆怯进行改良的）。"至于犹太人当中的共产党，"他写信给马克斯说，"大家把他们淹死在汤里，把他们与烤肉一起切片。大家一副赞赏的神情，朗声大笑，之后又在我旁边道歉。"

他详细讲述了自己每天的饮食（几升牛奶和奶油，不碰肉，否则他的痔疮会复发）。他抱怨（一再抱怨）厨房、餐厅、房间和邻近的阳台太吵，"阳台上有个年轻人（都是些什么人啊！）老是哼着希伯来旋律的歌曲，手插在裤裆里。"

由于忧虑，他的听觉变得十分敏感，什么都听得到。为了躲避让他发疯的这种叮当声，他像在齐劳躲在奥特拉家里那样，躲在了森林里一块美丽的草地上，或者是溪流中的一个小岛上。在那里，他沉浸在寂静中，像水族缸里的一条鱼，心想，邻居们的噪音之所以让他生气，是因为这使他的生活显得更加空虚，让他所抱怨的孤独显得更加明显。

他只跟马克斯一个人谈起过自己的健康状况，他的屁股上长了疖子，疖子深得久久结不了疤。他跟马克斯谈起他跟女人的调情，他曾跟一个姑娘在林中散过两次步，什么事情都没有发生，他强调说，只是意味深长地看了几眼；他还说，巨大的暴风雪肆虐了半个月，让他整天躺在床上。他发烧了，温度上升，无法继续读书写作，睡不着，也醒不了。他的身体太虚弱了，不停地咳嗽。感冒刚好，又出现了内热。

马特利亚里的信像是文体练习，在齐劳，他就曾这样描述过自己与老鼠搏斗的英雄事迹。其中有封信讲述他到隔壁房间串门，那里住的是一个捷克人，喉咙里长了东西。一天，那个病人把他拖到自己的房间里，用空洞的声音告诉他，自己怎样用镜子捕捉阳光，如何冒着被严重灼伤的危险，照着烧得他难受的那些肿块。说着，他把嘴张得大大的，给客人看他的伤疤。卡夫卡好像觉得一个浪打过来，把他击晕了，什么都听不见，什么都看不见了。他扶着墙，躲到阳台上，待在严寒中。等恢复了力气，他便离开了那个病人的房间，甚至没怎么告别，只说了几个字："多么美好的夜晚！"以解释刚才为什么到阳台上去。"我感到非常累。"他以此为借口逃之夭夭。

他在那张床上看到的，他说，"比执行死刑还可怕，比受到折磨还难受。这悲惨的一生，发烧，窒息，镜子，吸毒，没别的目的，只为了延长这个病人自愿接受的折磨。父母、医生、来访者向那个在慢慢走向死亡的临终者弯下腰去，安慰那个受折磨的人，鼓励他忍受其他痛苦。一回到自己的房间里，那帮被吓坏的人就连忙洗手，就像我刚才所做的一样。"

在马特利亚里，全都是奄奄一息的病人。他与年轻的女子，与健康的年轻人、漂亮的女侍应和众多的游客待在一起。2月，他与其中的一个寄宿者，罗伯特·克洛普施托克结下了深厚的友谊。那是个21岁的年轻人，为了医治刚刚得的肺病，中断了在医学院的学习。这个年轻人老家在布达佩斯，雄心勃勃，聪明智慧，有文学修养，身材高大，肩宽腰壮，两腮通红，一头金发，甚至有点太胖了（尤其是跟弗兰茨比起来，弗兰茨瘦下去之后就很难再发胖）。罗伯特每天晚上都到他房间里来，极认真地用冷水给他进行裹身治疗。他们一讨论就是几个小时，弗兰茨对他越来越感兴趣，并请奥特拉给他寄书。从他的书房里拿，他叮嘱道。

他又对马克斯说：

"你能帮他找找工作吗？他是犹太人，不过，不，他不是犹太复国主义者。陀思妥耶夫斯基和耶稣是他崇拜的大师。"

自11月20日的信后，米莱娜就再也没有得到他的消息。她违反了向马克斯作出的许诺，写信给弗兰茨。他回答了几行字："别给我写信，我们要避免见面。照我请求的做吧，其他什么也别说了。只有这样我才能再活几年，别的只能把我毁灭。"

米莱娜服从了，但4月中旬的一个晚上，她伤心得又要给他写信了，请求他最后一次把自己的近况告诉她。弗兰茨从马克斯那里得知，她病得很重，跟父亲讲和了，决定回父亲家里去住。弗兰茨马上就问他的朋友：

"如果她来布拉格，你要通知我，告诉我她将在这里住多久。我不想遇到她。"

这一决定没有得到遵守。8月底，他见了米莱娜。10月初，他把自己13本厚厚的笔记交给了她。（她是他生前唯一读过或拥有过他的《日记》的人？）11月底，他一连四次在家里见她，他无法再下床。她来访时多情而高傲，像以往一样，但有些厌烦，有点不情愿，就像大家看望病人一样。

她在前厅遇到了弗兰茨的父母，他们冷冷地跟她打了个招呼，尤其是赫尔曼·卡夫卡，经过时低声抱怨了几句。

弗兰茨凝视着坐在他对面的年轻女人时，又想起了他们在阿尔科咖啡馆相遇的情形。

他对自己说：我的记忆力太好了，这是我失眠的原因之一。总是想着米莱娜，也许不是她，而是黑暗中的一道光芒。

在这黑暗当中是否也想起了从未承认过的耻辱？

卡夫卡寄给她很多的信（差不多有150封），但没见她对他的作品有什么反响和赞扬，这是不是有点奇怪？而他对她的任何文章都赞不绝口。

这是因为米莱娜读了《煤桶骑士》、《变形记》和《乡村医生》，她决定要翻译它们。就是那些作品像阿里阿德涅之线①一样，让她与卡夫卡走到了一起，把他们联系了起来。

在几个月的艰苦翻译中，她在捷克语中为他写的每个词寻找最忠实的对应的词，致力于还原原作中句子的节奏和作者内在的意图，所以说，没有一个人比她读得更专心。

她把每部译作都交给他看，他马上就祝贺她，恭维她，把她叫做"米莱娜教授"。他梦想当她的学生，并安慰她说，她把"他蹩脚的故事，极蹩脚的故事"变得好看了。译文中有几个地方让人生气地弄反了意思，他也几乎不敢纠正。

5月份，他们刚开始通信时，他给他"亲爱的米莱娜夫人"讲述了费奥多尔·陀思妥耶夫斯基处女作成功的故事：那位俄国作家刚刚完成第一部小说《穷人》，与他同居一室的朋友，格里戈罗维奇，也是个写作之人，马上就读了，并兴奋地拿走了手稿，跑去交给当地最著名的评论家。凌晨4

---

① 源自古希腊神话，常用来比喻走出迷宫的方法和途径、解决复杂问题的线索。

点，有人来按陀思妥耶夫斯基家的门铃：进来的是他的朋友和那个著名的评论家。涅克拉索夫是第一次见费奥多尔，他拥抱了费奥多尔，搂得紧紧的，把他叫做"俄罗斯的希望"。他们在一起待了两个小时，主要谈论那部小说。

卡夫卡补充说，陀思妥耶夫斯基在回忆录中讲述了那个夜晚，认为那是他一生中最美丽的夜晚。他趴在窗前，目送着那两个男人在黎明中走远，激动得喉咙哽咽了，哭了起来，不断地说："多好的人啊！他们真好，真是贵客，突然在夜晚来临。啊，这太美好了，太高贵了！"

这还不算。

8月1日，弗兰茨梦见了米莱娜，一个让人伤心的梦，他详详细细地跟她讲述了：他们俩在布拉格的一条马路上散步。米莱娜的脸上总是化着妆，但那天化得不好看，这说明她有些不上心，他不知道为什么。在咖啡馆，他们遇到了一个很像陀思妥耶夫斯基的人，弗兰茨每次问他问题，那人都显得很友好，开朗、善解人意，但他一停止提问，那人就不认识他了。

这两个故事没有任何效果：米莱娜不想当涅克拉索夫，也许是因为失望了，要不就是懒得恭维甚至鼓励。他只这样说了一句：

"狠狠地骂我一顿吧，因为您什么都会，但骂一顿比做别的更有好处。"

弗兰茨曾猛烈指责菲丽丝没有对他的第一本书说一句话，却不敢直接问米莱娜。他们谈起了文学，斯蒂文森和契诃夫是米莱娜最喜欢的作家，可卡夫卡对斯蒂文森一无所知。契诃夫嘛，弗兰茨也很喜欢，有时喜欢得近似发疯。不过，他也猛烈抨击米莱娜多次要他马上读，并把它捧上天的一本小说：《玛丽·多纳迪厄》。①

尽管如此，他还是继续帮助她：对她说，他是怀着多么急切、多么激动的心情阅读她的每一篇文章，哪怕落下一篇他都会觉得难受。他加以评论，并把它们珍藏起来。他成百成百份地买，她所翻译的他的中篇小说他也这样买。

1921年10月初，他把《致父亲的信》寄给了她，还把《日记》也交给了她。那厚厚的蓝皮本他不曾交给过任何人，连马克斯也只读过其中的几段。

弗兰茨等待着，有人会评论它的，米莱娜会被吸引，施舍他几束花。然而，她还是一言不发。可有证据？4个月后，1922年1月20日，他记录下来并准备问她这个问题：

"你在《日记》中发现了什么对我不满的东西？"

他也许在想，米莱娜是否已翻开他的日记本，把它塞到了她宽大的衣橱的哪个角落，忘在那里了？

他决定乞讨一句批评，以迫使她阅读他赤诚的心。

---

① 夏尔-路易·菲力蒲的小说。——原注

1923年1月18日，病得很厉害的弗兰茨给她写了一封长信，祝贺加恭维。他刚刚读了米莱娜的专栏文章《罪恶之家》，不知如何来表达自己的敬佩之情："一篇精彩动人的文章，你敏捷的思路打动人心。"

马克斯、奥斯卡、费里克斯和恩斯特，当弗兰茨给他们念《变形记》和《诉讼》的前几章时，个个都来了劲，笑得直不起腰来。与他们相反，女性们，爱上他的女性，却在他的作品中发现，他书中的男人不过是太阳底下一个可怜的影子，在那个荒谬的世界里，一切活动都注定要失败，无辜者承认自己有罪，连皇帝的使者也送不出信，因为"一到楼梯底下，他就无法再走一步，他得穿越几个院子。穿过了院子，又出现了第二个宫殿，然后又是楼梯和院子，之后又是一个宫殿。几个世纪来一直如此"。那些情人害怕得浑身发冷，不再认识她们所爱的这个男人，不再分得清虚构与现实。

然而……卡夫卡去世后的第二天，米莱娜就发表了一篇讣文，读了以后不能不让人激动。她精辟地分析了这个人及其作品，一篇极敏锐文章，前所未有。[①]

1922年5月8日，他最后一次见米莱娜。这场见面留下了一个永远也愈合不了的伤疤。

---

① 我们可在《1924年之后》找到一个片段。——原注

"别痛苦，"他在《日记》中恳求自己，"别强迫自己干任何违心的事，但也不要因为没有强迫自己干什么而痛苦。不要再猥亵地寻找强迫的种种可能性。"

他白白地发誓了，他实在是太伤心了。

一个谜，永远是同一个谜，让人百思不得其解：既然他在马里安巴德和菲丽丝能快乐，今天，在格明德痛苦的绝交之后，在这里，在布拉格，他和米莱娜为什么就不能再快乐呢？

他对此深表怀疑：在他和米莱娜之间，隔着的不是一堵墙，而是一个坟墓。然而，性欲压迫着他，日夜折磨着他。"为了满足它，"他心想，"我得战胜自己的恐惧、胆怯也许还有忧伤。"

米莱娜抛弃了他，他被人从这个世界，从生者的世界里流放、驱逐了，他相信自己已无法和任何人交朋友，于是要埋葬自己。他要逃到沉默中去，逃到他黑夜般乌黑的地下巢穴中去，在那里他才会感到安全。在9个月中，他用笔建造了《城堡》①，他的第三部也是最后一部小说，他最隐秘、最有寓意的小说。关于这本小说，人们不断地问：在那上面盘旋的，可是对幻灭的回忆？

_____

① 《城堡》（未完成），1926年由库尔特·沃尔夫在慕尼黑出版，印了1500册，卖得很差。——原注

多拉·迪亚曼特

四、多拉

1923年7月13日至1924年6月3日

　　"如果我得活到40岁，我也许会娶一个龅牙老姑娘，上唇包不住她的门牙。"

——《日记》，1911年10月9日

年轻女子与死神

　　寻找自己的身份时，弗兰茨·卡夫卡承认自己是非犹太人中的犹太人，信徒中的非信徒，捷克人当中的德国人。没错，他用德语写作，但感觉到自己是在占用并不属于他的东西。他的后爪，他说，仍贴着祖先的舌头。

　　1917年5月，他接触了犹太教。他就是在那年患肺结核的，也是在那年与菲丽丝彻底分手的。3年前，他曾声称自己与犹太人没有任何共同之处，与他本人几乎也没有什么共同之处。现在，他却紧跟布拉格的犹太知识分子掀起的文化与政治潮流，订阅了犹太复国主义的杂志《自卫》，那是他的朋友，哲学家费里克斯·威尔奇①主编的。每一期，他如饥似渴地从头看到尾，并快乐而贪婪地阅读了海因策·格拉茨的三卷《犹太人通俗史》。

---

　　① 威尔奇是布拉格某大学的图书馆馆员，后来移民到巴勒斯坦，成了耶路撒冷某大学的图书馆馆员，直到1964年去世。——原注

他先是自学希伯来语，用的是莫斯·拉特编的课本，共45课。后来开始找老师，第二个老师是乔治·莫迪凯·朗格，他完全抛弃了自己在西方接受的教育，像阿西迪姆①主义分子一样穿衣、生活。犹太教教师弗莱德里希·蒂贝热，是个犹太哲学家，酷爱摄影。第三个老师是一个年轻姑娘，叫普阿·本托维姆，生在耶路撒冷。

这三个老师教他由一个立陶宛人埃利泽·本耶胡达创造的世俗犹太语。那个移居到巴勒斯坦的幻想家，从1917年11月，自亚瑟·詹姆斯·贝尔福的宣言开始，就为将世俗犹太语作为国语而斗争，而泰奥多·黑泽尔却以为人们在希望之国讲的是德语。

在他的这几个老师当中，弗兰茨最喜欢普阿，因为他在年轻女性面前要放得开一些，也因为她教的是她的母语。这是来自巴勒斯坦的第一只鸟，每周给他上三节课，去他家上，在他的房间里上。听到儿子咳嗽，卡夫卡夫人会不安地跑过来，见儿子咳得满眼泪水，她会痛苦不堪，低着头，悄悄地退了出去。普阿不知道是应该像她的学生要求的那样继续教下去，还是按他母亲希望的那样停下来。

他坚决要求尽快阅读布伦内②的一部小说《贫乏和失

---

① 十二三世纪产生于德国的虔诚主义的犹太教运动。——译注
② 约瑟夫·哈金·布伦内(1881-1921)出生于俄国的希伯来语专家。——译注

败》，那本书很难，而且他也不喜欢，每天只能读一页，但他很乐意听普阿跟他讲述她在巴勒斯坦的生活，讲她在布拉格当数学老师的经历，她只在布拉格待一年。这个年轻女子走后，在身后留下了她的一点快乐，留下了她的平静和自信。

几个月中，他写满了5个笔记本[1]，全都是语法练习和词汇表：左边是德语，右边是希伯来语。在10张散页上，写了一些故事的开头、希伯来字母、乱涂抹的文字和几张画像。捍卫处于危险之中的身份，记住他现在觉得必不可少的一个民族[2]。

在一段时间里，如同一个反复循环的梦，他不断计划移民到巴勒斯坦去。在干旱而阳光普照的地中海边，他的健康会改善，生活费用也相对没那么贵。他所喜欢的水果：樱桃、香蕉、草莓，天天都能摆在桌上。在布拉格，这些东西太贵了，他估计，过不了多久，就要天天为生活费而操心了。

1922年10月，在他的一个同事的妻子爱丽丝·伯格曼的鼓励下，他真的考虑出发了。离开布拉格，逃离反犹太的仇恨难道不对吗？离开一个别人如此憎恨你的地方不是很正常

---

[1] 普阿把卡夫卡留给她的希伯来笔记本送给了以色列国家图书馆。——原注

[2] 用希伯来语写作的这些笔记和信件都没有发表。根据习惯，弗兰茨的笔记从本子前后两头开始写，到中间会合（他在《日记》中也经常这样做）。——原注

吗？如果继续留下来，就是蟑螂式的英雄主义：什么东西都无法把它们从浴室里赶走。

捷克语日报《农村》每天给读者提供不知道从哪儿收集来的几百年来的事实。大家都用粗笔强调犹太人的懦弱、胆怯、贪婪和背叛。11月中旬的一个晚上，弗兰茨看见窗外全副武装的警察和端着刺刀长枪的宪兵在驱赶进攻犹太人店铺的人群。那些人高喊："低劣的民族。"要靠警察的保护才能生存，他感到这是一种耻辱。

犹太人的市政府门前，有数百俄国和波兰的移民在等待前往美洲的签证。经过那里时，他也想成为那些无忧无虑的孩子们当中的一员，他们即将横穿大西洋。但他知道，他像摩西一样，永远也进入不了迦南之地。那是一种幻想，就像有人相信自己永远也下不了床一样。可又有谁知道呢？"有"永远都是从"无"而来。

再说，也应该给自己创造一些希望的理由。

在这之前，弗兰茨满足于在将来有前途的语言和祖先的文字上度日。

父亲丝毫没有传授给他宗教教育。当然，他接受过犹太成年礼仪式，那是1896年6月13日在茨冈人的聚会场所进行的[1]。那天刚好是米莱娜的生日。

---

[1] 弗兰茨那天由"美国照相馆"拍摄的照片，有张原版（45×36毫米）照片，2010年11月18日在巴黎估价为1.5万欧元。——原注

　　1911年10月，在阿尔科咖啡馆，布拉格最差的咖啡馆，他认识了洛维·济兹恰克。那个演员试图用自己的演出和阅读来拯救被遗忘的意第绪语言。卡夫卡成了他最虔诚的崇拜者，愿意跪地为他喝彩，尽其所能来帮助他，东奔西跑为他筹款，为他的演出推销门票，还作了两场讲座，一场是关于意第绪语的，那是欧洲最年轻的语言；另一场是关于犹太戏剧的。

　　在第二场报告会上，他谈到了一些个人回忆。他说，他第一次偷偷地去剧院看麦耶贝尔[①]的《胡格诺教徒》时才14岁，父母还以为他在茨冈人聚会场所阅读对开的《塔木德》呢！他看了以后很激动，意第绪的戏剧[②]同时综合了悲剧、喜剧、歌唱、情节剧、舞蹈等元素，他大声地叫起来，这不就是生活本身吗？他再也离不开它了。如果他说谎或犯罪，那算他活该。

　　这两场讲座让他失眠了几天。他不像那些演员，敢于大胆地展现自己，面对公众的目光一点都不心慌。换了别人，谁都不会像他这样做。洛维是个易怒的人，报复心强，没什么朋友，也没什么钱，看他演出的观众十分有限。

　　他有一次去弗兰茨家里，碰到了赫尔曼·卡夫卡，老爷

_____

　　① 贾科莫·麦耶贝尔（1791-1864），犹太裔德国剧作家。——译注
　　② 美国音乐剧就诞生于意第绪戏剧。——原注

子见到他很生气，咬着嘴唇，讽刺性地摇了摇头，指责儿子与这个一无是处的人来往，说这是一条害人虫，想把你拖到意第绪语当中去，那是穷人的语言，落后分子的语言。"我们的语言，"他大声地说，"是德语；我们的文化，是德国文化。"他最后甚至禁止儿子邀请那个脏鬼上桌，看到那个家伙，他就感到恶心，感到难以忍受。

"如果那个波兰人在你房间里听见了我说的话，那他活该。你所有的朋友，现在都成了废物。"

甚至连马克斯·布罗德，布拉格最杰出、最出名的知识分子，他看起来也不顺眼。就在昨天，他还用意第绪语说儿子的这个形影不离的朋友"激动起来没头脑"！没有，没有任何矛盾的东西能制止赫尔曼·卡夫卡。发火的时候，冒出来的是他的母语，在他可怜的犹太人聚居区，他只讲这种语言。现在，他已是布拉格的名人，一个生意兴隆的行业的领头人，他是奥地利公民，没别的。

这又是弗兰茨学希伯来语的一个理由。

★　★　★

1923年7月初，弗兰茨前往米里茨休养。那是波罗的海的一个沙滩，他要求他妹妹埃丽陪同他一起去。他觉得自己无力一人旅行，也无法一人生活，不单是在米里茨，在哪都一样。

在他们下榻的格里考夫旅店，他的房间与埃丽的房间相

十九世纪布拉格的犹太人聚居区

邻，埃丽带着两个孩子：费里克斯和格蒂。

看到大海，他非常高兴。已经有10年没有见到大海了。他真的觉得大海比以前更漂亮、更多变、更生动、更年轻了，他就是这样写信告诉朋友们的。

阳台上，麻雀在栏杆下筑了个窝。越过大海与屋子之间的那片松林和桦树林，他看见金发碧眼的孩子们，开心健康的孩子们，在沙滩上跑来跑去，他们住在一栋两层的小屋子里，"保护者之家"，那是柏林的犹太民主之家组织的夏令营之一。多年前，他的未婚妻菲丽丝在他的要求下帮助过这个组织。回想起菲丽丝，他并不感到痛苦，已经过去那么长时间了。他们分手几个月后，菲丽丝就结婚了，现在有两个孩子。这些都是奥特拉告诉他的。

白天和晚上有一半时间，"保护者之家"、森林和沙滩都回响着孩子们的歌声。埃丽结识了一些年轻的女辅导员，全都是义工。此后，费里克斯和格蒂也加入了孩子们的队伍。

吃完中饭，弗兰茨会到沙滩上跟他们一起玩。那些俄罗斯和波兰的孤儿精力充沛，热情旺盛，他跟他们讲希伯来语，他写信说，他们让他觉得踏进了幸福的门槛。

其中有个辅导员叫蒂勒·罗塞勒，是个活泼快乐的小姑娘，很瘦，苗条得大家都不相信她已经16岁。只有她知道这个弗兰茨·卡夫卡博士是个什么人。他在柏林的书店做临时工，书店的玻璃橱窗里有弗兰茨的一本书《煤桶骑士》。她语气肯定地说，柏林的评论家对他赞不绝口，在布拉格，卡夫卡博士占有重要地位。

一天傍晚，当他和夏令营的孩子们一起玩的时候，蒂勒过来向他作了自我介绍，他听她说。她说起一个长长的故事，弗兰茨问了他许多问题，关于孩子们，关于这个夏令营，关于她，关于她在柏林的生活，关于书店，这让她很高兴。这个男人，大家都欣赏他的风度，甚至在沙滩上也很注意衣着，现在，竟然以"你"称呼她。

从那天开始，她就一直关注他。一看见他在桌边坐下，或夹着毯子，往海堤尽头的长椅走去，她就跑过去坐在他脚边。两人继续谈话。一天，她告诉弗兰茨："你知道吗，我什么语言都会，但我讲意第绪语。"看到他笑了，她感到很自豪。

她想送他一个礼物。送什么呢？她决定在孩子们制作陶器的作坊给他做个花瓶。陶坯出炉后，她亲自绘画。她对自己的作品很满意，跑到格里考夫旅店，想把它交给卡夫卡博士。事先，她已经通知弗兰茨她要过去。

她站在前厅，等待他从房间里下楼。一个金发钢琴家在演奏格里格①的一首奏鸣曲。看门人在看报纸，一对老年夫妇

① 爱德华·格里格（1843-1907），挪威作曲家。19世纪下半叶挪威民族乐派代表人物。——译注

坐在吧台边，喝着白酒当开胃酒。

卡夫卡博士后来对她说，他清楚地记得她那天的样子：

"你身体前倾，有点入迷地听着格里格的奏鸣曲，在音乐面前谦逊地弯着腰。"

他向她迎上前去：

"我也有个礼物要给你。"

蒂勒激动得手足无措，接过礼物，竟拆不开包着礼物的绸纸，只好把它撕破。

"让我们小心地抓住脆弱的东西。"他说。

那是一个用蓝玻璃做的杯子，里面装满了巧克力。蒂勒双手颤抖，捧着它。

她扑到他怀里，头靠在他胸前。

"你是怎么知道的？"

那姑娘曾在糕点店凝视着摆在橱窗里的这个杯子，它在水果塔旁边闪光耀眼。卡夫卡博士刚好看见她和她的朋友萨比娜把鼻子贴在玻璃上。从她们后面经过时，他听到蒂勒叹了一声："我永远也买不起这么漂亮的东西！"

"你结婚那天，便打碎这个杯子。"他对她说，"我呢，留着你的花瓶。我不会把它给任何人。"

收到这个奢华的礼物后，蒂勒便处于狂欢之中，到处赞扬她了不起的朋友。

7月13日星期五，犹太之家的成员们一致同意蒂勒邀请卡夫卡博士参加他们的安息日晚餐，餐后有表演。

傍晚，弗兰茨来到这座奇形怪状的屋子跟前，他弄错了门，走进沐浴在最后一道晚霞中的厨房。蜜蜂在凝重的金色晚霞中打转，有时会撞到窗户的方格玻璃上。他只看见一个女孩的脖子，女孩正忙着刮鱼鳞。当他看见她取出鳟鱼的内脏时，不禁大叫起来：

"这么漂亮的手①，干这样血淋淋的工作！"

那个女辅导员转过身，认出他来，羞得满脸通红。她在沙滩上遇到过他好几回，身边围着家人。她欠了欠身，自我介绍说：

"我叫多拉·迪亚曼特。"

然后又补充道：

"我知道您是谁。蒂勒一天到晚都说起您，今天，大家一大早就在这里热切地等待您了。"

她问起他太太和孩子们的情况。他笑了：

"我的太太？我的孩子？"

这种蔑视和由此流露出来的快乐也许加强了他们彼此产生的好感。

---

① 在《城堡》中，当他遇到刚刚给野兽包扎的弗里达，K问他："用这双如此细腻的手？"于是他寻思起来："这仅仅是一种恭维呢，还是真的被一双总的来说挺普通的手征服了。"——原注

晚餐之后，多拉朗读了《以赛亚书》①的第43章："别颤抖，是的，我和你在一起。"她作了些讲评。卡夫卡博士目不转睛地看着她，她在希伯来语和犹太教方面的知识让他惊叹不已。

第二天，以后的几天也同样，他又来到了犹太之家。

蒂勒很快就发现，弗兰茨两眼只看着那个波兰女孩。进餐时，他坐在她旁边；在沙滩上，她看见他们俩远离众人，促膝长谈，话说个没完。自从她把他介绍到犹太人之家之后，他好像不太喜欢她了，而更喜欢那个丰满的女孩，多拉的希伯来语读说写水平太高了。这个身体胸脯扁平、身体瘦弱的女孩整天都远远地跟着他们，看见他们沿着布满海胆的沙丘上散步，或在防波堤上听海涛拍岸。

她有一次突然撞见他们坐在角落里避风，头挨着头，在低声背诵希伯来文，目光越过书本对视着。

他们是否把自己当做里米尼的弗兰切西卡和保罗②了？

7月底，蒂勒回到了柏林，从那里给她的朋友写了两封

①《圣经》的第23本，由以赛亚执笔，大约在公元前723年之后完成。记载关于犹大国和耶路撒冷的背景资料以及当时犹大国的人民在耶和华前所犯的罪，并透露耶和华将要采取判决与拯救的行动。——译注

② 弗兰切西卡为13世纪意大利女子，因与小叔保罗通奸被丈夫杀死。但丁把这一悲剧写进了《神曲》。——译注

信①。8月3日，弗兰茨给她回了长信。这是一个大哥哥写给小妹妹的信，温柔而诙谐。为了消除暧昧，他跟她谈起了多拉，说她是一个"美丽的造物"。

他对这个"美丽的造物"的身世很感兴趣，就像演员洛维曾把他迷住一样。多拉生于波兰，18岁逃离父亲身边，离开了本津和他引以为荣的聚居区②，聚居区高高的，俯瞰着整个城市，甚至让城堡都显得矮小了。

多拉摆脱了阿西迪姆的法律，它给妇女规定了太多的义务，而给她们太少的权利，禁止的东西也太多了。她在布雷斯劳住了一年，一边在幼儿园工作，一边学习文学和德语，后来移居柏林，那座"光明之城"生活着7万犹太人，其中很多都在社会和文化方面扮演重要角色。最大的两个新闻集团都是犹太人办的。

多拉从事许多职业，同时在犹太人之家当义工。她勇敢大胆，乐于为大众服务（这是卡夫卡最欣赏的两个优点），而且非常年轻（才二十出头），聪明，温柔，虔诚，有信仰，身体健康。有她来照顾孩子们，谢谢上天赐福！

---

① 蒂勒后来移民到巴勒斯坦，成了一个编舞者。她随身带走了这封信和卡夫卡送给她的糖果盒、玻璃杯，上面还有卡夫卡写的几个字。——原注

② 1939年9月，德国进入该城时，放火烧了有着数百家庭的聚居区，房子化为灰烬，无一人幸免。聚居区的几块烧黑的石头至今还保存着，让人们永远不要忘记那场屠杀。——原注

在两人私下的交谈中，她试图给弗兰茨鼓气：

"做你一直以来想做的事情，离开布拉格，去柏林。明年春天，我们一起移民巴勒斯坦，在特拉维夫那个'春天的小丘'开一家饭店。"①

8月初，他离开了米里茨和多拉。7日，他在蒂勒和她的两个女友的陪同下，在柏林观看了席勒的《强盗》，他说，他没看出什么名堂，除了一身的疲劳。米里茨的度假对他的健康状况丝毫没有改善，他感到筋疲力尽，体重只有54.5公斤，他从来没有这么瘦过。

除了去他妹妹奥特拉家里，还能去哪里增肥呢？他妹妹在谢伦森租了一栋度假屋，一个人跟女儿韦拉和刚刚出生的海伦住在那里。

8月中旬，他去那里与他们会合，在那里待了一个多月。他第一次发现忘了妹妹的生日，甚至连自己生日的确切日期也忘了，是10月29日还是30日？

"对我来说，"他说，"你永远不会老，我不相信你已经31岁了。"

接着又说：

①特拉维夫在希伯来语中的含义是春天（aviv）的小丘（tel）。——译注

"高高兴兴地当一个女人。"

他只跟她提起过多拉和他们的计划，奥特拉一如既往地鼓励他摆脱锁链。

他犹豫了，敌对势力疯狂地进攻他。他又发烧了，卧床不起。

"漏屋偏逢连夜雨。"他对妹妹说。

★　★　★

病刚好一点，他就回到了布拉格，在一天半的时间里匆匆处理各种事务，向单位要求提前退休，准备行装，这是一件极复杂的事情，如果没有"小姐"，他亲爱的玛丽·韦格纳的帮助，他永远也搞不掂，那个老佣人十分忠诚。弗兰茨不顾父亲的反对，两人又吵了一架，在母亲忧虑的目光下，不理睬妹夫佩帕不吉利的预言，他集中最后一点力气，逃往柏林。

他打电报通知了多拉："9月24日星期天到达柏林。能来车站接我吗？"

待多长时间？他自己也不知道。四五天？不会更多。

他登上特快列车，火车很快就冲入夜幕之中。他为自己的疯狂和大胆而得意，觉得只有拿破仑和俄罗斯战役能与他现在的情况相比。40岁的时候，他成功地逃脱了布拉格的魔爪，逃脱了家庭、办公室和乏味的工作。

到了柏林之后，向谁报告他难以置信的胜利呢？向米莱娜。他收到了她从意大利寄来的一封信。

"我遇到了不可思议的事情，"他对她说，"这世界上真有那么怪异的事情！我几乎就住在乡下，住在一座带花园的小别墅里。我从来没有住过这么好的房子，我怕失去它，对我来说，它漂亮得让人不敢相信。"

他还补充说，他在波罗的海的一个沙滩上遇到了犹太人之家的一个女工作人员，并跟着她来到了柏林：

"我被细心温柔地看护着，无微不至，在这世界上找不到第二个。"

他是否确信米莱娜会平静地接受他的这一形象：幸福地躺在另一个女人的怀抱中？

他刚刚跟米莱娜谈到过的带花园的小别墅，是多拉在斯泰格里茨的别墅区找到的，位于漂亮的米凯尔路8号。

气候温暖的夜晚，当他走出屋子，沿着两边都是漂亮住宅的小路散步时，植物繁茂的老花园里一股股香气扑鼻而来，带着温馨，让他感到前所未有的神清气爽，他在别的任何地方，无论是在谢尔森、梅拉诺还是在马里安巴德都没有感到过这种温柔和力量。他无需离开别墅太远，植物园只需走一刻钟，再往前走一点就是森林。

在这贵族气息浓厚的郊区，洋溢着极为平静的气氛，路上遇到的孩子们气色都很好，乞丐罕见，也丝毫没有咄咄逼人的样子。

而柏林市中心却沸腾了。传来的消息很可怕，非常可怕：反抗和罢工越来越频繁，每天都有工厂关门，企业倒闭，成千的失业者在示威，通货膨胀飙升，价格不是一天天而是一小时一小时地飞涨，把人们的头脑都搞晕了。到了8月，一份日报要10万马克，9月，1.5亿马克，一个圆形面包要400万马克，因饥饿而爆发的骚乱遍布全国。一天晚上，人们在柏林的马路上发现了4具尸体。失望的人们成群结队抢劫商店与公共机构，全国陷入了贫困，纳粹谴责《凡尔赛条约》，说条约把巨大的债务强加给德国，要把它永远压垮。

弗兰茨的退休金只有一千马克，尽管兑换大占便宜，仍无法维持生活。而且，每月的退休金都要迟来几个星期，他不得不低头向父亲和姐妹们求助，尤其是奥特拉，请他们预支一点小数目，从温暖而富足的波西米亚地区给他寄糖、黄油（为了增肥，他吃很多黄油）、蜂蜜、克非尔奶酒、果酱、茶和巧克力。

他无法保持收支平衡，由于生病，他更需要别人。当他没有烧酒取暖时，多拉便用剩下的蜡烛给他加热晚饭。

马克斯不断地问他问题，但他拒绝谈起多拉的事。他所有的朋友都不能知道他们同居，女孩的名声是最重要的，所以，他在信中几乎没有提起迪亚曼特小姐。

★　★　★

初秋，天气温暖，阳光明媚。弗兰茨散步一直走到了植物园，在那里呼吸着椴花的香味，围着赤道暖房转悠，目睹着树叶慢慢地变色。在寂静的小路上，他听到了最早一批枯叶在脚底下沙沙作响。

一天，他跨进公园的铁栅门，看见一个小女孩在哭。他走过去。这是一朵金色的小花，洁白的皮肤，脸红扑扑的，就像这里的许多小花。他问她："你为什么哭？"

"我丢了布娃娃。"

"你没有丢呀！"他大声地说。

"你找到它了？"

"没有，没有，我没有找到它，但你的布娃娃旅行去了。"

"你怎么知道？"

"它给我写了一封信。"

"给我看看。"

"我忘在家里了。不过，如果你愿意的话，我明天三点钟给你拿来。你在这张长凳前等我。"

"你叫什么名字？"

"弗兰茨。你呢？"

"马鲁。"

回到家里，他在想，如果奥特拉的大女儿丢了布娃娃洛洛特，她会怎么对女儿说。女儿甚至睡得很死的时候也紧紧地把那个布娃娃抱在胸前。

第二天，在约定的时间，马鲁和弗兰茨在长凳前见面了。他摘下帽子向她致意，然后递给她一个信封，上面写着她的名字，还贴了一张用过的邮票。

马鲁耸耸肩：

"我不识字。"

于是他给她念起信来。布娃娃在信的最后是这样说的："我要给你一个大大的吻，我会每天给你写信的。"

马鲁想了一会儿，然后问：

"那你明天还会再带一封信来？"

第二天和以后几天，弗兰茨每天都给她一封信。当他读信的时候，马鲁的心跳得很厉害：她的布娃娃上舞台、上银幕、上马戏团、上歌剧院了，去了维也纳，去了巴黎，它骑马、跳舞、在乐队的伴奏下唱歌，她都被搞糊涂了。

现在，公园里黑色的树枝直刺低矮、阴暗的天空。寒风在小路上打转，卷起一团团红叶，像一群鸟，金黄的树叶像一口烧红的小锅。马鲁茫然地目随着它们，无边软帽一直压到眉毛上，双手深深地插在大衣里。弗兰茨呢，尽管穿着大衣，披着厚厚的围巾，还是冻得发抖。读信时，他经常中断，匆匆离开，用手帕捂着嘴。

"别咳嗽了，"马鲁大声地说，"把信读完。"

她从口袋里掏出一块黏糊糊的糖果递给他。他接着读下去，声音更低，更模糊了。

"你今天读得太快了。重读一遍吧，太好听了。"

信，像白天一样，越来越短。布娃娃结婚后，事情太多了，找不出时间写信了。一天上午，她宣布说要去西藏，那地方很远，很高，她把它叫做"世界屋脊"。她将住在一个被云雾淹没的村庄里，四周都是冰雪，从来没有邮递员上去。"我再也不能给你写信了，亲爱的马鲁，但我不会忘记你的。"信的最后这样写道。

"那个'世界屋脊'，它真的很远吗？"马鲁问。

没等弗兰茨回答，她就敏捷地把跳绳在头顶绕了绕，跑了。①

――――――――

① 卡夫卡没有在任何一封信中提到过这事，也没有提到安慰那孩子的20来封信。他多次想写些童话，尤其是在里瓦的时候。如果说，面对这个小女孩，他在精神上感到有义务减轻她的痛苦，他可知道自己是否有这能力？评判一个故事，大家都知道，跟评判一部文学作品是不一样的。提到这个布娃娃的故事的是多拉，她曾在《日记》中讲述了这个故事。她的《日记》是1951年在伦敦开始写的。――原注

★　★　★

他的房东是一个很瘦的矮小女人，尽管身材瘦小，她却仍穿着紧身裙。她突然讨厌起弗兰茨来。11月15日，他们搬进去之后的两个月，她把弗兰茨和多拉这两个无力支付房租的可怜的外国人赶了出去。通货膨胀使房租涨了十倍。

他们在不太远地方，格伦瓦尔街13号赛弗特先生家租了一套漂亮的套房。但1924年1月1日，他们又被从那里赶走，同样的理由。在一个寒风肆虐的日子，他们再次搬家，搬到了柏林-策伦多夫，海德街25号，那是布斯太太的屋子，某作家的遗孀。房租涨得吓人，现在涨到了三分之一兆马克！

他们什么都没有，完全处于赤贫状态。他们没法去看戏，买不起票。他们也不买报纸了，包括周日的报纸。也好，反正上面登的都是不好的消息，他们甚至不再到市政厅门前的报栏去看报了。

弗兰茨每周两三次去高等学校上犹太教课程。那是一个避风港。一整栋楼，漂亮的报告厅，里面暖暖的，一个大图书馆，学生不多，教《塔木德》的老师，叫古特曼，相当不错。一切都是免费的。

为了不离世上的痛苦太远，他们有时也进城，回来的时候满脸恐惧，好像是从战场上回来似的。大部分时间，他都躺在室内阳台上休息，晒太阳，而多拉则在犹太人之家学戏剧艺术，上舞蹈课，都是免费的。

晚上，他们在烛光下像小孩一样玩。弗兰茨用灵巧的手在墙上投影出人物，编喜剧或悲剧，两人乐得哈哈大笑。有时，他们也把手浸到水里玩。这是他们的家庭浴。又或者，弗兰茨的手心托着一盘杯子和碟子，在房间里跑来跑去，练习咖啡馆侍者的功夫，他准备在他们的特拉维夫饭店里端盘子呢！

为了吸引他所爱的女人，让她迷上他，他常常给她朗读她喜爱的作家的作品，歌德的作品，他喜欢《赫尔曼与窦绿苔》；克莱斯特的作品，他喜欢《O侯爵夫人》。这个中篇，太迷人了，他给多拉读了一遍，然后又一连背了6遍。

"你为什么这么喜欢它？"她惊讶地问，"是因为它的文学质量高？"

"是的。"

"是因为故事奇特？"

"也是。"

也许还因为他跟作者有那么多的相似之处：喜欢写作；寻找真理；渴望建立一个家庭，这种梦想曾因婚姻终止而破灭；疾病；不断的失败；潇洒地烧毁私人日记、手稿和未完成的作品。

在里瓦湖畔，弗兰茨曾向格蒂讲述过普希金的悲剧命运。今天，他又向多拉讲述了克莱斯特的悲剧：像在艺术作品中那样死去。

海因里希·冯·克莱斯特爱上了路易·福格尔的妻子亨利埃特。亨利埃特跟丈夫有一个孩子。亨利埃特很喜欢这个年轻的诗人，出于一种巨大的需要，而且他们怎么也无法适应这个世界，海因里希和亨利埃特商量好一起自杀。1811年，在万西，34岁的克莱斯特一枪打死了亨利埃特，然后掉转枪口，对准了自己。

弗兰茨给多拉朗读了亨利埃特临死前夜所写的两封信，一封写给她亲爱的丈夫，另一封写给她的闺中密友："请照顾我的孩子。"他还给她背诵了他最喜欢的信，克莱斯特给她亲爱的妹妹乌尔里克的信。多拉听得满眼泪水，依偎在她被叫做"我亲爱的朋友"、"我温柔的弗兰茨"的怀里。

弗兰茨写信给马克斯、奥特拉，还把自己的新地址告诉了费里克斯·威尔齐，怕丢失了《自卫》杂志的任何一期。他的信不多，因为邮票太贵了。

然后，他又重新开始写作。

他也接待朋友们的来访：马克斯要他照顾和安慰他的情妇埃米·萨尔维特，让她高兴点、理智点。埃米当过女佣，现在是演员。那个可爱的年轻妇人，深陷于爱情的痛苦之中，因见不到马克斯而要死要活。责任感不允许她离婚，可她不管不顾，要马克斯去柏林。

弗兰茨趁多拉不在家的时候接待了她，陪她散步，还去她家看她。埃米常打电话告诉弗兰茨她要来，但临到点又突然说不来了，或者通知他说，中午不来了，下午两点才到。她约好某天再见，可到了那天，她着凉了，来不了，老是这样。她心里乱得很，柏林的混乱太让她不安了，她把心中的忧虑全都倾诉给了弗兰茨，让弗兰茨也焦虑得彻夜难眠。

一天，两个漂亮的年轻人来敲他们的门。这两个魅力四射的人，一个是蒂勒·罗塞勒，另一个是柏林的年轻画家。蒂勒瞥见了穿着睡衣的多拉，顿时愣在了门口。

普阿·本托维姆在他们家里待了一整个下午，发现他的学生的希伯来语大有长进。

11月25日，奥特拉来了。她把韦拉和海伦托付丈夫照顾两天，想来亲眼看看哥哥的身体状况究竟如何，并且认识一下多拉，以前仅仅在电话里或信中跟她交谈过几句。

她拖着一个箱子，里面放满了哥哥要她带的床上用品和衣服，一份长长的清单！弗兰茨原以为只离开布拉格几天，所以没有

卡夫卡非常喜欢恩斯特（左）

带冬衣。奥特拉从箱子里拿出三件免烫衬衣，三双普通的鞋子，一双暖鞋，一条黑色西装，一件厚大衣，一件蓝色的旧披风，两件长衬裤，一条薄被单，一个枕套，一条吸水毛巾，一双普通手套，两件女用长睡衣，一件男睡衣，一双皮里暖脚套，一双露指手套和一个无边暖帽，外加三个衣架。此外，她还带来一些信纸，几支笔，几本杂志，一块小香皂。她送给多拉几块抹布和一块亚麻的绣花桌布，多拉感到很吃惊，差点要哭出声来。在这个凶险的柏林，这些织物算是奢侈品了，她怎么也没想到奥特拉会送她这些东西。

妹妹走的时候，弗兰茨在她的行李中塞了一个布娃娃，是给韦拉的。万一洛洛特将来决定去旅行，布娃娃就派上用场了！

他跟马克斯提到了奥特拉来访的事。"她在我们那里看到的一切都让她感到安慰。"他补充说。可是，他弄错了，奥特拉回到家里之后，说要给他们寄一个15公斤的包裹，并要母亲也寄一个。

"15公斤？"弗兰茨惊讶地说，"我觉得太多了，15公斤，里面都将塞些什么东西啊？我可不想让你养活。"

稍后，马克斯也来了，碰到了神秘的迪亚曼特小姐，他感到很好奇，因为弗兰茨从来没有跟他提起过这个女孩。她对弗兰茨的爱让他很感动，他觉得这两人太般配了，卡夫卡好像从来没有这么自信过。

总是那么活跃和神经质（一个十分快乐和刻薄的人的那种神经质）的恩斯特·魏斯医生也来看望他们了。他执意要亲自感谢弗兰茨，因为当卡尔·泽里希想出版卡夫卡的作品时，卡夫卡觉得自己没什么好东西值得给他，于是就把魏斯的三篇文章寄给了那个出版商，并大加赞赏，随信还寄去了魏斯的作品清单，并特别指出，这个"作家很难打交道，但才华横溢"。

卡夫卡非常喜欢恩斯特。他看着笔直地站在他面前的恩斯特，心想，"这个男人的身体这么好，不是一般的好，完全是意志的作用。如果他愿意，他也完全可以像任何人一样病倒。"

弗兰茨·韦费尔是4月初来的，胳膊底下夹着手稿。他矮小，肥胖，金发，蓝眼，相信自己是个天才。给他开门的是多拉，多拉见到他很高兴。卡夫卡和韦费尔关在书房里，过了好久，韦费尔才出来，满眼泪水，不辞而别，匆匆离去。卡夫卡也同样慌乱，嘀咕道：

"怎么会写出这么差的东西，太差了……"

韦费尔在等着他的赞扬呢，得到的却是让人尴尬的沉默。

如果要让卡夫卡来评判一篇文章，他连最善良的谎都不会撒，不管要付出什么代价。

1月初，气温下降到零下15度。弗兰茨病倒了，烧得很厉害，四肢发抖，一早一晚咳得浑身无力，弄得心情极坏。

他竟然同意叫医生，尽管出诊费吓得他要死。用红色数字标示的出诊费用表就挂在他的床头。很快，他的消化系统又出了问题，弄得他下不了床。

马克斯第二次见到他时，被他的贫困和急转而下的健康状况吓坏了，回到布拉格，他立即提醒弗兰茨的叔叔西格弗里德·洛伊医生。洛伊是个乡村医生，在莫拉维的特里希行医，单身一人，非常疼爱这个侄儿（弗兰茨经常在他家度假）。2月29日，他匆匆赶到，劝侄子立即离开柏林。

"如果你继续留在这里，房间那么冷，食物那么差，你肯定活不过冬天。"

1924年3月14日，马克斯到了柏林，观看雅纳切克①的《耶努发》的首演，那个歌剧的本子是他翻译的。三天后，他把卡夫卡带回了布拉格。弗兰茨一再拒绝多拉陪他，想尽量不让她遭受父亲的讥笑、蔑视和无礼的对待。

在车站里，那个女孩哭丧着脸，紧紧地拉着他，死缠硬泡：

"我不愿意离开你。"

---

① 莱奥什·雅纳切克（1854-1928），捷克摩拉维亚作曲家，20世纪最重要的音乐家之一。——译注

"几天后，等我叔叔替我在疗养院找到床位后你再回来找我。"

他一次又一次地拥抱她：

"我从来没有像现在这样希望活着，希望和你生活在一起。"

★　★　★

他踏进了父母家的门槛，好像被押回囚室的惯犯，再也无法从那里活着出来。他好像听见狱卒在背后讥笑：

"神童回来了！多么辉煌！垂头丧气，甚至没有力气走到床边！别列津纳河战役①！我早就告诉过你，你正走向灾难。我的儿子，你再次意气用事，这就是结果。给你擦屁股的是我！"

他甚至连母亲都不敢看一眼。母亲怯生生地给他端来一碗鸡汤、一块奶油、桑椹酱和克非尔②。他不愿意低下高贵的头颅。只有保守、公正和沉默的"淑女"玛丽·维尔纳能让他心中的怒火平息一点。

为了对付父母，他以前所未有的生硬而威严的口气——现在不是和颜悦色的时候，要马克斯每天去看他：

---

① 1812年，拿破仑的军队从莫斯科撤退到斯摩棱斯克，抢渡别列津纳河时，遭到俄军三路袭击，法军兵力大损。——译注

② 又称牛奶酒，是一种发源于高加索的发酵牛奶饮料。——译注

"明天再来，同样的时间。"每次来访后他都这样对马克斯说。

他把自己关在房间里，眼睛紧闭，有时，他翻来覆去地思考自己的失败；有时，他伤心欲绝，让多拉各种各样的表情、动作和情话像电影一般地眼前闪过。他以她的模样为食量。忧伤的巨浪不断地把他冲回到柏林，把他带回到那自由的6个月，远离父母监护的6个月。

平生第一次，他日日夜夜地跟一个女人生活在一起。他睁开眼睛，多拉出现在他身边；他闭上眼睛，多拉还在他身边。他们住在同一个房间里，肩并着肩，坐在同一张桌边，睡在同一张床上，互相依偎在一起。他从来没有这么开心过，悄悄地对她耳语道："我是在一个天使的臂弯里。"

他写作的时候，牙齿啃着书桌，就像狗咬着骨头。说着，他露出自己的獠牙，引她发笑。甚至在他写作的时候，多拉也坐在他前面的椅子上打盹，因为他需要她出现在他面前。而当着奥特拉、菲丽丝、米莱娜或马克斯的面，他从来没写过一行字。

"你写作的时候就变成了另一个人。"多拉告诉他。

有时，她害怕看他的脸，绷得那么紧。"你神情严肃，目光严厉、残酷、痛苦，我都不知道怎么说……你好像在追逐一些幽灵……手里拿着一把刀还是一件什么武器？"

他给她念了《地洞》的几个片段，那天晚上，他一口气写了一章：

"我在我的洞穴最里头过着宁静的生活，然而，在某个地方，不知道是哪个地方，那个敌人掏了个洞，一直来到了我身边。我不想说他比我的嗅觉更灵，但有些食肉动物劲头十足，在地里到处乱拱……我的敌人太多了！我不想冒险，当我在绝望地刨土时，突然感到，尽管很轻，追捕者的牙齿咬住了我的大腿。"

他抬起了头。

多拉沮丧地望着他：

"你没有任何敌人，亲爱的，谁都不会伤害你。"

他突然大笑起来：

"亲爱的，我的小姑娘，我只是这样说说而已。哎，可不要把这些乱写的东西当真！"

前两天，他们一起在挪威锅①里烧了很多稿子，也许有300张，也许500张？多拉多次制止他：

"这些稿子花费了你那么多夜晚和力气，为什么要把它们付之一炬？"

就在这时，他们想起了克莱斯特。

"看着火舌吞没我的手稿，我心里感到很平静。烧得

_____

① 并非来自挪威，也非一定指锅，而是指一种外带盒子的煮菜小炉。——译注

越多，离我的魔鬼就越远。我从他们手中逃掉了。我非常庄严地请求我善良的马克斯——我清楚地知道该怎么办，是吗？——我命令他毫不犹豫地烧掉我的笔记本、练习本、手稿和我所有的信件，看都不要看。我知道他会服从我的命令的。"

★　★　★

回到布拉格之后的第三天，他出现了一些令人不安的迹象：喉咙痛得厉害，有时灼痛得让人难以忍受，连声音都变了，又低又哑。"太快了！"他心想。

糖煮水果，水果，果汁，水，果汁，水，果汁，水果，糖煮水果，水，果汁，糖煮水果，水果，水，柠檬水，苹果酒，水果，水，其他东西他什么都咽不下，而且这些东西也要小块小块地咽。

他当医生的叔叔西格弗里德·洛伊命令他长时间接受痛苦的检查，他糊里糊涂地服从了，他已记不清什么了。一听说是咽喉结核，医生们就采取少说话、少吃东西、少动的治疗方式。"肿块，浸润，没什么大不了的，而且也没确诊。"当他剧痛难忍，穿上冬衣体重还不到49公斤时，医生们总是这样对他说。

早上和晚上，他一咳就是几个小时，痰盂不一会儿就被他吐满了。

"成就卓著，应该获诺贝尔奖，不是吗？"他对刚刚走进房间的罗伯特·克洛普施托克[①]说。

他是两年前在马特利亚里疗养院认识这个学医的大学生的，此后便不断地给罗伯特写信，罗伯特有时让他生气到极点。这个继续读书的年轻人什么都抱怨，动不动就指责别人，永远是个失败主义者，他也确实生活在苦难中。

弗兰茨给他寄去一些钱，让他在大学的餐厅里免费就餐，还给他找了一些临时工作。他把罗伯特推荐给马克斯、奥特拉和他的朋友们。没有罗伯特的消息时他会感到不安，可能的话他会给一些建议，不过，他也写信对罗伯特说，"好建议挂在星星之间，所以为什么天那么暗。"

罗伯特像热爱医学一样热爱文学，执意把马克斯·布罗德的一部长篇小说和卡夫卡的几部中篇小说译成了匈牙利语（他的母语）。他同意重操旧业。多么可爱的小伙子！

罗伯特像大将军那样回答说：

"唯一该获得诺贝尔奖的成就，是自我斗争，争取痊愈。您能的！"

"您忘了我不是个好战士，谁都不要我。1915年6月和1916年6月，我两次想参军，但体格检查委员会两次说我身体

---

①罗伯特·克洛普施托克后来移民到美国，成了一个杰出的医学教授、肺科专家，1972年死于纽约。——原注

不合格。"

　　他们谈起了马特利亚里，谈起了那里的寄宿者。卡夫卡想起了他隔壁房间的病人用镜子反射阳光，就像用俄罗斯左轮手枪自杀一样；想起那个受难者，一身溃疡，伤口大大地裂开着，发出令人窒息的恶臭，他现在想起来还感到恶心。

　　"我是否也将遭受同样的折磨？"他问自己。穿着拖鞋写作是一回事，"折磨对我来说很重要，我只会忍受折磨和折磨别人"；脚伸到焚尸的柴薪里，让火舌吞没，是另一回事。

　　"罗伯特，在最初的宗教中，痛苦并非主神，您不觉得这很奇怪吗？"

　　当罗伯特准备离开时，弗兰茨抓住朋友的手：

　　"您还记得您在疗养院许诺过我的事吗？我请求您再向我许诺一遍。马上！"

　　他把自己关在房间里三个星期。

　　他躺在长沙发上，透过打开的窗户，看见几个盖屋顶的工人爬上俄罗斯教堂的钟楼顶端，在风雨中一边干活一边高唱。他惊讶地看着他们："他们不是史前的巨人又是谁？"

　　他不再反对去疗养院，因为他对叔叔说：

　　"我扛不住了，现在天天发烧，38度。"

　　离开了父母的家，离开布拉格，他感到一种解脱。"我所出生的那个城市，"他对一个年轻的女友说，"对人总那么不客气，那是一个回忆的地方，思旧的地方，吝啬、耻辱、诱惑和浪费力气的地方。"

到了疗养院，多拉就可以去看他了。两人在一起，事情会简单得多。

"上路，"他说，"世界是属于我的。Very well①！"

★　★　★

他到达维也纳森林几小时之后，多拉也到了。那是一个大学疗养院，低矮，庄严，地理位置相当好。

她走进公共大厅，里面摆着一排排床，病人们脸色苍白，两颊消瘦，咳嗽声和吐痰声此起彼伏，阴森得很。她在找她的弗兰茨。没听见他喊她，他的声音已轻得听不见。突然，她瞥见了他，都以为他死了。他的脸瘦得可怕，眼睛被烧得滚烫，双手骨瘦如柴，多拉猛地扑过去抓住他的手，以遮掩自己的悲伤。

她不断地重复：

"我再也不离开你了，我亲爱的，我再也不离开你了。"

她听见他在她耳边呢喃：

"可我会离开你的。"

尽管弗兰茨·韦费尔和马克斯不断干预，哈耶克教授还

———————

①原文为英文，意为"很好"。——译注

是拒绝给卡夫卡先生分配单间：

"在我看来，他只是18号床的一个病人，没别的。"

他用来退烧的是匹拉米洞药水，每天三次；止咳呢，是完全没有效果的德莫彭和阿托品。他让弗兰茨吃含麻醉剂的糖果，用薄荷油来喷咽喉。弗兰茨的喉咙已经肿得不成样子，吞咽的时候，嗓子里好像撒了玻璃碴。他无法再吃东西了。

他指着自己的喉咙，问女护士：

"这里面现在像什么？"

"像巫婆用的小火炉。"

尽管接受了治疗，但热度一直在38.6度以上。哈耶克教授对自己诊断非常肯定：咽喉结核，会厌也有结核。

弗兰茨的肺已经坏了那个样子，教授要他马上离开，并发誓说，任何一个专家对这种病人都束手无策。

"减轻痛苦的唯一办法，"他在转身离去之前，说，"是使用吗啡和阿片全碱。"

治疗的费用高得可怕，弗兰茨第一次要求马克斯马上把他的最后几部中篇投去出版社（他在"马上"两字下来画了两条杠）。

"'约瑟芬妮'①必须来帮我的忙，"他写信给马克

① 《女歌手约瑟芬妮或耗子民族》，卡夫卡在柏林逗留期间创作的最后一批中篇之一。——原注

斯，"没别的办法了。"

多拉瞒着弗兰茨，在这张明信片上加了几行字："哈耶克教授认为弗兰茨的病情非常严重，我们将前往维也纳附近的基尔林，去霍夫曼博士的疗养院。"

临走前夕，在离弗兰茨的病床几步远的地方，一个男人正在死去。尽管那人得了肺炎，发烧到41度，医生前两天还让他自己出去散步。弗兰茨听见他临终的声音，那种沙哑的声音响得可怕，他不得不经常把头埋到枕头里，差点窒息。

一个神甫带着几个助手来到病人的床前，默念着祷告词。他们抓住他的手，用温柔的声音跟他说话。当他进入弥留阶段时，他们又给他敷临终圣油，他们不再离开他，而医生却早就溜走了，回到自己的床上睡了。

第二天，弗兰茨只把自己的哀伤告诉了马克斯："今天，我已经毫无理由地哭了好多次，昨晚，我邻床的病人死了。"

★　★　★

为了驱赶自己的恐惧，他闭上了眼睛，让那一幕幕景象在眼前闪过。背景淹没在倾盆大雨中。一条荒凉的道路，远处，有辆车慢慢地驶近，车灯穿破了浓雾。这是一辆敞篷汽车，司机穿着一件雨衣，戴着鸭舌帽，贴在方向盘上，透过大大的飞行眼镜看着道路。在他身后，有个披头散发的女孩，浑身淌着雨水，横躺在车上，交抱着双臂，一手抓着车门，另一只手抓着司机的座椅。很难看清她的脸。

为了躲开一只扑向车灯的山羊，车子偏离了一下，女孩的身体晃到了左边。这时，她的未婚夫出现了，裹着床单，就像一个裹着细带的木乃伊。他在长椅上躺下来。他病了，脸色那么难看，大家都猜想他是治不好了。

这是一部让人伤感的电影！

他睁开了眼睛。

"事实完全不是这样，"他心想，"这是一个滑稽的场面。多拉的膝盖穿透了我的胃，我的双脚在一个水潭里游动，我的痰盂呢，真是笑死了，倒在了我的脖子上。"

4月20日清晨，他们离开了哈耶克教授的疗养院。人们给他们安排了一辆敞篷车，找不到别的车了。

当时天降暴雨。刚上路就下冰雹了，停停下下，伴随着大风和雷电，声音大得可怕。躺在车后座的卡夫卡也许想起了贝多芬和马勒，那两人都死在暴风雨当中，也许就像现在这样的暴风雨。

一路上，多拉都趴在他身上，想让他平稳点。他抗议了：

"坐下来，否则你会飞出去的。"

"亲爱的，别说话，没有任何东西能把我从你身边夺走。"

突然，天上一道闪电，她听见弗兰茨轻声地说：

"车轮在马路上吱嘎吱嘎地响，就像电影院的放映机。"

他很喜欢电影。在柏林，他曾跟多拉讲述他喜欢的电影，一个场景一个场景讲，有时连对话他都记得很清楚：《洛洛特》，他哭了；《码头事故》，他觉得太悲惨了；《风流卫士》《饥渴的警察》《终于独处了》，他觉得有趣极了；《黄金的奴隶》从头到尾吸引着他，他说。

然而，在布拉格，哪怕是在天天晚上都出去的那段时间，他也很少去电影院。

"为什么？"多拉问。

"我跟每个演员都像，当银幕上有人受苦或死亡时，我觉得那就是我。有的画面让我甩都甩不掉，我失眠得越来越严重。"

相比起来，他更喜欢纪录片。他回想起上次看的电影，那是在一个周日的下午，在丽都比奥影院看的。影片讲的是巴勒斯坦的先驱们的辉煌成就，荒漠变成了果园，漂亮的村庄，模范学校和托儿所。

接下去的那部影片引起了大家的热烈喝彩。在卡尔斯巴德的运动场上，犹太运动员正在变换队形，他们威武、高大、肩宽腰细，肌肉油光发亮。这些半人半神似的田径运动员在训练跑步、跳高、撑竿跳、鞍马、环道，好像他们的家长和祖先的祖先一辈子都在练习这种运动似的，犹太复国主义的乌托邦和苏醒的身体似乎结合在了一起。

那部纪录片给他留下了经久不灭的印象，但丝毫没有对他的夜晚产生不利的影响。

他还告诉了多拉他的其他爱好：在布拉格的时候，晚上坐地铁回家，他会把身体尽可能探出车厢，弄得差一点就会摔出去。他在飞驰途中，断断续续地阅读每个电影的海报，睁大眼睛看着每张照片，乐此不疲。

回到家里，他在浴室里向妹妹们表演喜剧电影里的场景，逗得她们大笑，不断要他重来。

一句话就能让他想象出一个长长的故事。

能举个例子吗？

"门半开半闭。伸出来一只握着手枪的手。"

还有呢？

"两个孩子独自在家，爬进一个大箱子，箱盖落了下来。"

"这是一个星期天的下午，安娜透过玻璃门看见女房东撩起了裙子。"

"我很难跟上你的思路，"多拉曾对他说，"海报嘛，你有的是，看了个够，用它们来做游戏。但电影呢，你常常躲避。你是害怕它吗？"

他大笑起来：

"你摇头的时候很像一个胡西迪姆派的犹太教士！"

★　★　★

他在多拉的搀扶下进入了基尔林疗养院。由于许多名人的推荐，他住进了三楼一个漂亮的房间，朝南，面对着一个花园。

恶劣的天气在持续，乌云低沉，凄雨寒风，但空气很好，似乎多吸几口身体就会健康了，但食物可不怎么样，所以多拉就可以尽情地做饭了。那里的规定与哈耶克教授的疗养院里相同：她整个白天都待在弗兰茨身边，天黑了才离开，住在附近的一个农庄里。

出于感激，弗兰茨·韦费尔给他寄了自己新出的书《威尔第，歌剧的故事》和一些漂亮的玫瑰花，奥特拉也给他寄了他所喜欢的牡丹。多拉则从农庄里给他带来一枝刚刚盛开的丁香。弗兰茨陶醉于这些花香中，春天进入了他的房间。

他的身体很虚弱，但有高人给他看病。治疗开始见效，人们每天两次给他在咽喉注射酒精，让他痛不欲生。注射的时候，他要多拉从房间里出去，不想让她看见他受苦的样子。他舒服了几个小时，可以重新吃东西了。

他们到疗养院两天后，罗伯特·克洛普施托克走进了他们的房间。

弗兰茨住在哈耶克医生的疗养院里时，罗伯特就说要去看他，他好不容易才打消了罗伯特的这个念头，并教训道：

"别硬来，罗伯特，别一路辛苦地来到维也纳，您知道我害怕暴力，您却不断重来！"

弗兰茨从柏林、布拉格和维尔纳森林给他寄去自己的健康诊断书和治疗详情。罗伯特清楚地知道他的病到了什么程度，所以决定暂时放弃自己在医学院的学习。现在他走过来了，高大得像座铁塔——他还会再长高吗？——脸色红润，头发蓬乱，笑得很欢。但当他看见自他上次在布拉格见到弗兰茨后——多长时间了，几个星期前？——情况发生了那么大的变化，他脸上的笑容消失了。

消瘦的脸，消瘦的胳膊，床单盖着一具骨瘦如柴的身体，眼睛……眼睛深陷在眼眶里，痛苦得两眼无光。

罗伯特结结巴巴地问：

"您……您希望我走还是留下？"

"您疯了，完全疯了，"弗兰茨嘀咕道，"我不是俾斯麦[①]，他有私人医生，我没有！"

他很高兴。这个身材高大的男孩，穿着白大褂，像盔甲似的，浑身上下散发着活力。他的出现，让弗兰茨感到了安慰。这是个好医生，他很高兴把自己交给他，而且，还可以

---

① 俾斯麦（1815-1898），曾任普鲁士王国首相，德意志帝国首任宰相，人称"铁血宰相"。——译注

安慰多拉，强迫她出去一下，晚上可以让她散散心。她的心都快要操碎了。

他们把他们的三人组合叫做"小家庭"，罗伯特和多拉尽可能地给弗兰茨创造快乐：每次吃饭，他们都让他喝一杯，一杯高级红酒或一大杯啤酒；吃些草莓和樱桃，他们的病人在吃之前久久地闻着。

多拉瞅准机会给他在蔬菜泥里加一个鸡蛋或是肉汁，不停地哄他全吃了。他的床头柜上一排排地放着糖煮水果、果汁和酒瓶。

他享受了一段快乐时光。

弗兰茨要他亲爱的好友马克斯给他寄书和杂志。"我的眼睛，现在的正常状态是闭着的，"他写信给他说，"但摸着书刊，会给我带来很大的快乐。"

他年轻的时候，曾疯狂地阅读阿贝尔·朗根出版社的书目，从头读到尾，一行都不落下，然后不断地重读。这是一种不知疲倦的阅读。他渴望书，但并不想真的拥有或阅读，只是想看一看，摸一摸，告诉自己这些书确实存在。他可以几小时地待在陶贝尔和双陶辛书店的橱窗前，怎么看也看不厌。

5月12日星期一，马克斯到了基尔林，路上走了24个小时，两次换车，一次在维也纳，一次在克洛斯特新堡。

那天，酒精注射让弗兰茨累得昏了过去，接着开始发高烧，咳嗽不断。他等马克斯的来访已经等了那么久，他太高兴了，但面对着马克斯，他却连笑的力气都没有，更没有力气握手了。他只说了几句话，轻得几乎让人听不清楚：

"我的喉咙里有两把锯子在锯。"

马克斯的脸色都变了，看起来很吓人。从布拉格来到此地，一路都笼罩在死亡的阴影下。多拉和罗伯特把他推到走廊里，安慰他，其实他们自己也很难受。

几天后，5月20日，弗兰茨感谢马克斯寄来了书，并请他原谅败了他的兴致，让他的来访蒙上了阴影。

"再见了，谢谢为我做的一切。向费里克斯和奥斯卡问好。"

这是他给马克斯最后一封信中的最后几句话。

★ ★ ★

在阿片全碱的作用下，他昏昏欲睡，整天做梦，同样的梦天天来折磨他。父亲占据了整个画面，不是现在衰老的那个男人，而是正当壮年的那个巨人。站在他身边的，是他的儿子，5岁，6岁，一副瘦瘦的骨架，弱不禁风，在他面前结结巴巴地说不出话来。

一场噩梦唤醒了这个孩子，他哭叫起来。母亲跑过来，他呻吟道："我渴。"母亲从厨房里拿来一杯水，拥抱着他："孩子，好好睡吧！"然后，她又回到了丈夫的床上。
孩子再也没有睡意，也许是为了激怒父母，也许是为了让自
己心里好受点，他又轻轻地哭了起来："我还渴。"母亲没
有来。他顽固地哭得更响了。

突然，他大声嚷起来。可怕的父亲穿着白色的衬衣飘也
似的来到他旁边，站在他面前，头都要碰到天花板了："小
混蛋！"父亲扬起一只胳膊。"别打我！"孩子叫道。但一
只手已经抓住他的脖子，打开落地窗，把他拖到室内阳台。
孩子哭泣着，手脚剧烈地颤动。"小混蛋，"父亲喊道，
"如果你再吵闹，我就压扁你。"

他拉上了落地窗。

孩子独自待在阳台上，黑乎乎的院子像一口井，吓得他
要死。他哆嗦着，等待母亲来救他。

但母亲没来。

现在，他长大了一点，9岁，或者是10岁，在市政厅的游
泳池里游泳，因为父亲决定让他学游泳。现在，他们被关在
一间窄小阴暗的房间里，那个巨人把整个空间都占了，一截
身躯、角斗士一般粗壮的胳膊和大腿，湿漉漉的腋窝散发出
一股浓烈的酸味，让孩子胆战心惊。

阳光下，他们光着身子走在吱嘎作响的木板上，一个身
体壮实，头颅高昂，双腿分开；一个身材瘦小，摇摇晃晃，
眼睛只够到另一个人的生殖器上。那个生殖器重重的，厚厚

的，鼓鼓囊囊，弯弯曲曲地布着一道道突出的青筋，透明的，孩子看得见血在里面奔流。两个巨大的蛋蛋如象牙球般光滑，在大腿间来回晃动。

几只巨大的手向他递来一根香肠和一大杯啤酒。一个雷霆般的声音命令他把这些东西都吃了，把杯子里的东西喝干净。

从这些梦中醒来时，他筋疲力尽，浑身大汗。

"父亲会不会一直追我追到坟墓里？"他问多拉。

★　★　★

来到这个疗养院之后，他很少写信，他既没有自由，也没有力气写信。4月底，他给父母写了几句高兴的话：

"我的治疗是很漂亮的布裹疗法和吸入疗法。"在他们的允许下，他懒洋洋地开始跟他们通信。他委托多拉和罗伯特向他们传递关于他的消息，电话回答亲爱而美丽的奥特拉的问题，回答埃丽、瓦莉、马克斯和他的朋友们。

罗伯特不断地向他们夸奖多拉对弗兰茨非凡的难得的爱。"这是一种不竭的财富。"他说。当奥特拉感谢他一直待在她哥哥的床头时，他用蹩脚的德语大声地说："这是一种巨大的特权！当他把闪亮而充满活力的目光投向我们时，我高兴极了，幸福，美好，天哪，这两个人，他们在一起多好啊！"

　　三个妹妹中，只有奥特拉能来看他。她在那里只待了一天，给哥哥带来了他想要的红色鸭绒被。他整天都待在室外，待在阳台上，呼吸着新鲜空气。

　　朱丽和赫尔曼·卡夫卡几乎每天都来信或来电话。当他们用快信告诉儿子，他们想来看他时，弗兰茨不知从哪儿来了劲，立即给他们写了回信。他太怕他们来看他了。

　　这是一封又长又温柔的信。他首先说，如果他们能到这个美丽的地方来跟他平静地生活几天，手里端着啤酒，就像以前父亲带他到学校里学游泳那样，他将太高兴了。然后，他又告诉他们，眼下，他不值得他们来看，并且强调说，"我看起来不雅观。"当然，在多拉和罗伯特的帮助下，他的健康已开始恢复，那种帮助在远方是绝对无法想象的，但他又补充说："咽喉

在三个妹妹中，卡夫卡与奥特拉的关系最亲密

结核严重伤害了我的身体，除了以前的病痛，现在又开始腹泻，我现在只能轻声说话。种种理由告诉我，你们现在最好还是不要来。"

最后，他还安慰他们："教授说，我的健康状况已得到大大的改善，一切都表明我的身体在往好的方向发展。罗伯特一直待在我身边，一心扑在我身上，而不是想着自己的考试。"

如果这种理由还不够呢？

如果他母亲决定独自前来呢？她已经有过这样的暗示。看到儿子这个样子，她的精神会崩溃的，那对两人来说都很可怕。

罗伯特恳求朱丽·卡夫卡：

"夫人，亲爱的夫人，您会引起您儿子巨大的不安。"

* * *

"有来自本津的信吗？"

弗兰茨每天早上都问这个同样的问题。一天天的沉默让他感到了担心，多拉竭力劝他：

"你不了解我父亲。那是一个无情的人，从来不会向法律妥协。对他来说，你是一个信徒，而不是一个忏悔者。而且，别忘了，我逃离了他的家，他再也不承认我是他的女儿。"

"可你是他的女儿。我已经向他表达过我想要祖先、想要妻子、想要后代的强烈愿望。"

"巴尔·谢姆·托夫①曾教育我，每个人都与上帝有直接的联系。没有一天晚上，没有一天早上，我不在默念着你现在已跟我同样熟悉的祈祷：'感谢永恒的上帝，我们的上帝，宇宙的上帝，愿您神圣的手能给予我们一切。'"

来自本津的答复到了。赫舍尔·迪亚曼特先生像每次要作决定时那样，去咨询了他所尊敬的犹太教教士。那个圣徒读了卡夫卡博士的信后，只说了这么一个字："不！"

弗兰茨脸色严峻地把信递给多拉：

"又是一场灾难。我的最后一次失败。"

"我最最亲爱的弗兰茨，我已经是你的妻子了，完完全全，从精神到肉体都是。我们的关系从来没有像现在这样亲密，我完全不需要父亲的同意。在上帝面前，你已经是我的丈夫。"

多拉没有告诉他，霍夫曼医生夫妇和疗养院里的人对她施加了压力。他们每天都逼着她：

---

① 巴尔·谢姆·托夫（1698-1760），波兰裔犹太教领袖和神秘主义者，哈西德教派神秘主义的创立者。——译注

多拉·迪亚曼特

"你们必须结婚，必须遵守道德和礼仪的基本规则。我们的疗养院不能再饶恕你们可耻的行为！"

一天上午，弗兰茨的情况变得非常糟糕，霍夫曼医生把她招到自己的办公室里，给她介绍了他从维也纳招来的犹太教教士，向她出示了已经准备好的结婚证书，并递给她祈祷用的头巾。多拉愤怒地大喊起来，满眼泪水地走出办公室，砰的一声摔上了门。

她知道弗兰茨想娶她，以便自己的父母，尤其是父亲能接受她，认她为儿媳①，他希望让他们支持她。

"他们已经喜欢我了，"她对罗伯特说，"我敢肯定，您在电话里已经听到了。他们不知道该怎么感谢我，不知道该怎么向我表示他们的谢意。"

* * *

1924年5月26日，弗兰茨写了他平生的最后一封信。信是写给他最亲爱的父母的。6行字。他纠正了一个误会："我想

① 由于马克斯·布罗德，多拉以妻子的身份，得到了卡夫卡在德国的版税。——原注

喝啤酒，也很想大杯喝水，吃水果。但现在，我的康复还很慢。"

直到他去世，他都在想他这辈子学过的干过的事情：钢琴、小提琴、意大利语、英语、希伯来语、研究日耳曼文化、反犹太复国主义、犹太复国主义、木匠、园艺、文学、试图结婚，他的进展都很慢。他的老师贝克先生说得对，那位先生曾告诉弗兰茨的父亲："那就让他待在五年级吧，太快了会付出昂贵的代价。这是个慢孩子。"

他对自己说，我从来没有写完过一本小说，我放弃了许多中篇，开了头就不写了。

我留下的只是一些片段。

我的每个计划都没落实好。

他想起了"比利格"，那是他和马克斯口袋空空在蒙马尔特①逛街时想出来的一套旅游指南。这套丛书将取代令人厌烦的"巴德克"，给旅游者以他们真正需要的信息：廉价酒吧、旅店、糕点铺、商店、博物馆的地址。丛书的首批书名是：巴黎比利格、"廉价游巴黎"、"廉价游瑞士"……

他记得自己曾生硬地要求马克斯忘掉《萨缪埃尔和乔纳森》，那是他们合写的一部小说，马克斯坚决不放弃。

我什么也没完成，甚至连句子也……

---

① 巴黎左岸街区。——译注

＊　＊　＊

他差不多耳聋了。医生们要他不要讲太多的话。他用笔来跟多拉和罗伯特交谈。他先是用来玩游戏，只写出自己想说的话的一部分，然后让他们猜出下文。如果猜对了，他便点点头，反之就摆摆手。

他很关心满屋子的花：

"瞧这丁香，比早上更新鲜了。"他写给罗伯特[①]。

"把耧斗菜拿来给我看看，它的色彩太鲜艳了，与别的花不协调。"

"山楂花藏得太里面了，都见不到光。"

"这丁香花，很漂亮，不是吗？都要死了，它还在喝，都醉了。"

"您有时间吗？那好，请给牡丹浇点水，它太娇了。"

"房间里飞进来一只鸟，所以我们才喜欢蜻蜓。"

还有许多关于饮料和食物的纸条：

"问问是否有好的矿泉水，只是好奇而已。"

"只有一个垂死的人在喝。"

"我为什么不能在医院里尝尝啤酒呢？天天都喝柠檬

①　罗伯特保存了卡夫卡的这些"纸片"。卡夫卡写给他的这些纸片都以"您"称他。出版商只发表了其中的一部分。——原注

水。”

当他的感觉好了一点，他会提到他在意大利、威尼斯、里瓦、波罗的海度假的情形。伴随着这些文字，他经常会画一幅画或做一张卡。

还有一些字条是关于他父母、多拉和罗伯特的。

"父亲收到快信非常高兴，但也有些生气。"

"如果有个本来要死的人由于幸福而赖着不死，那就是我。"

"把你的手放在我的额头上，鼓励鼓励我。"

"开花的可能性总是有的。"

"马克斯的生日是5月27日，别忘了。"

"你对我的忍受我能忍受多长时间？"

"春天在哪呢？我想到了一切可能发生的奇迹，但幻觉转瞬即逝。"

他的最后一张纸条，写于医生离开他的房间的时候：

"救星就这样走了，没有救助您。"

★　★　★

他的喉咙已经痛得让他无法忍受，注射酒精也不再有任何作用，只有吗啡和阿片全碱能减轻他的痛苦。不痛的时候越来越少，但罗伯特不让增加剂量，怕他的心脏受不了。

★ ★ ★

现在，他已经不吃不喝了。他宁愿饿死渴死，他渴得发疯，但忍着一口水都不喝，任何能解渴的东西都不喝，他忍受着比渴更痛苦的折磨。

多拉不断地用纱布湿润他的嘴唇，让他闻他喜欢的水果的香味：草莓、菠萝等。她不断地低声重复，像是念经，像是祈祷："我的甜心"，"我亲爱的"，"我亲爱的爱人"。

★ ★ ★

她上楼来到罗伯特的房间。

"他两天没吃没喝，都快饿死渴死了，您怎么还睡得着？"她大声叫道。

她用双拳擂着他的胸：

"想想办法吧，我求您了，我求求您了，别抛弃他，您是医生，想想办法吧……"

她倒在罗伯特的肩上，精神放松了一些，轻轻地哭泣起来，后来越哭越响，好像在宣泄自己的愤怒和不解：

"公正的上帝在哪呢？同情人的上帝又在哪儿呢？"

他激动得说不出话来——怎么对她说呢？——罗伯特用双臂搂着她，轻轻地抚摸着她的头发，直到她筋疲力尽，慢慢地平息下来。他递给她一杯水，里面溶了一点催眠药：

"您在这里休息一会儿，我下楼去看他。"

★　★　★

尽管用了吗啡，弗兰茨还是三天没吃任何东西，只喝了一点水。就在这时，他收到了《一个斋戒的艺术家》①的清样，这个集子收入了另外三个短篇《最初的痛苦》、《小女人》和《女歌手约瑟芬妮》。

这是他期待已久的东西。

"他们现在才给我寄清样来！"

他马上就开始读自己的作品，手里拿着铅笔。他读得非常专心，心里好像挺高兴。读完一个长条校样，他去拿第二条。罗伯特假装在读一份医学杂志，用眼角监视他，看见铅笔和校样掉在了地上，罗伯特站起来去捡，但突然停住了。

卡夫卡哭了。

他已经无法继续读他的校样了，无法再读自己两年前写的故事了：一个年轻的男人被关在一个笼子里，在许多激动的公众面前不吃不喝，但围观的人越来越少。那个艺术家被迫斋戒，他没有别的办法，他一连斋戒了40天，在众人的漠然中死去。一个清洁工好不容易才把这个沾着草屑的家伙从笼子里弄了出来，装进一头年轻漂亮的美洲豹，大家不断地给它喂吃的。观众们争先恐后地围着笼子，恋恋不舍。

---

① 常以另一个书名《一个饥饿的艺术家》出版。——原注

最后一天：1924年6月3日

  响声还是寂静？一定有什么东西把她惊醒了。她俯身看着他，听听他是否还在呼吸。气愤太短？不规则？她不敢开灯。他的睡眠很浅，快到半夜才睡着，才放松，才平静下来。罗伯特态度坚决地劝她说："去睡一会儿，必须去睡，否则您会坚持不住的。"但她还是要留在这个房间里过夜，死守在这个骨瘦如柴的人的床前。放在红色鸭绒被上的那双手瘦骨嶙峋，木乃伊般的脸上，看得见里面的骨头。

  她怕自己打瞌睡，便走到阳台上，让落地窗一直开着。夜里很温暖，四周的花园里传来阵阵花香。有时，风携着田野的味道吹过来。她多次凝视着伸展在眼前的乡村，在黑暗中猜想这里应该是一簇落叶松，那里是屋子和钟楼，还有沙石小路。各种感官都苏醒了，她回去坐在他的床头。

  凌晨4点左右，一个尖利的声音使她的心都要碎了，她吓坏了，连忙抓起电话。罗伯特跑过来，马上叫醒了值班医生。

  两年前，一个烦闷的日子，卡夫卡在《日记》中记道：

“不可否认，能平静地写作是一种幸福，窒息是一种难以想象的可怕的事情。”

窒息，这种难以想象的可怕的事情，现在正在发生。尽管施行了气胸急救，但空气再也进不了他的肺。他躺在床上，猛地把床单扔到地上，嘴巴大张着，一点叫声都发不出来，没有一点声音，两眼瞪着疯狂的目光，眼珠外突。卡夫卡乞求给他一口空气，消瘦的双臂伸向医生。多拉用双手紧紧地捂住自己的嘴，好像腹部疼痛一样，呻吟起来。她上前一步，晕倒在床脚。

快到中午的时候，罗伯特请她去寄一封信，是寄给弗兰茨的父母的。她轻声地拒绝了：

“我不想离开他。”

罗伯特坚持要她去。她不想再争，也不希望再出现什么奇迹，便服从了。解脱了！看着那个可怜的人在受苦，自己却无能为力，她再也受不了了，不敢再看那具瘦得可怕的躯体，他身上只有眼睛还在动，那双眼睛哀求她结束他的痛苦。

罗伯特是窒息——这种难以想象的可怕的事情的唯一见证

人。他看见他的朋友突然一挥手，要女护士从房间里出来，他看见弗兰茨抓住气胸急救装置，把它扔到墙上，力气大得惊人。

他看见弗兰茨窒息了，喉咙僵硬起来，痛苦不堪。他听到他的朋友在喘，在对他说：

"您早就答应过我。您这是在折磨我，您一直在折磨我，现在继续在折磨！我毕竟是要死的。"

罗伯特感到自己的双腿发软。他对自己说，我今年25岁，我是个医生，我怎么能够杀死自己在世界上最崇拜的人呢？我爱他就像爱自己的父亲，这个大师，他给了我那么多，教给我那么多。可是，我又怎么忍心延长他弥留之际漫长的痛苦呢？

他准备给弗兰茨注射。

"多点，多点，您知道得很清楚，您的剂量不够。"

罗伯特没有回答，他无声地哭了。突然，他听到弗兰茨大喊：

"杀死我，否则，您就是杀人犯！"

现在，他已经处于谵妄状态，呼喊着他的妹妹：

"埃丽，别离我这么近，对了，就这样。好。"

罗伯特目不转睛地看着他，看见他的脸松弛下来，身体平静了，陷入了阴森可怕的寂静。

多拉手里拿着花，从邮局里回来。她弯腰看着弗兰茨的脸，吻着他的脸颊。

"我的弗兰茨，你想不想闻闻这些玫瑰花的味道，好闻的味道？"

她相信听到了他的呼吸，相信看到他张开了左眼。她轻轻地把她如此热爱的人拥在怀里。

她没有再听见他的心跳。

弗兰茨·卡夫卡走了。

1924年6月11日下午4点，弗兰茨·卡夫卡埋在布拉格的斯特拉尼兹的犹太公墓里。那天，天很冷，当一百来人的送葬队伍（女的戴黑纱，男的戴高筒大礼帽）来到墓穴前时，天色黯淡了下来。就在犹太教教士们哼着祈祷文，棺材放下去的时候，扶着马克斯胳膊的多拉大叫一声，晕了过去。

赫尔曼·卡夫卡不屑这种表演，扭过头，不理睬倒在地上的多拉，而是走到坟墓边，第一个扬起一锹混杂着石块的浮土，撒在儿子的棺材上面，尽量不看他的女儿奥特拉。奥特拉身体僵硬，一言不发，目光茫然，像个幽灵。

马克斯·布罗德说，在回去的路上，经过市政厅门前时，他看见大钟停止了：时针指着4点整。

"我只是文学本身。"

一个星期后，上午11点，某宗教组织在一个小剧院举行集会，500多人参加，马克斯·布罗德和许多作家都发了言。

一个名叫汉斯·赫尔穆特·科赫的演员朗诵了卡夫卡的两篇文章：《一个梦》，文章的开头是这样的：

"约瑟夫·K在做梦。这是美好的一天，他出去散步，但刚走了两步就到了墓地。"

然后是《古籍》，文章是这样结束的：

"工人和农民们，拯救祖国的责任交给了我们，可我们完不成这样的任务。而且，我们从来没有吹嘘说能够完成。这是一个误会，我们会因此而丧生。"

1924年之后

赫尔曼·卡夫卡和朱丽·卡夫卡夫妇

赫尔曼·卡夫卡死于1931年，他的妻子朱丽·洛维死于1934年，两人都埋葬在儿子旁边。坟墓上方简朴的方尖碑上刻着他们三个人的名字，还有几句希伯来语的《圣经》诗句。

埃丽、瓦莉和奥特拉

埃丽，丈夫是卡尔·赫尔曼，有三个孩子：费里克斯、格蒂和汉娜；瓦莉和她丈夫约瑟夫·波拉克及他们的女儿洛特被流放到波兰的洛兹，1944年与犹太人聚居区的所有人一道被处决。

奥特拉成功地说服了她丈夫约瑟夫·大卫（雅利安人）与她离婚，以拯救他们的两个女儿韦拉和海伦·大卫多瓦。不久，奥特拉被认定为犹太人，1942年8月被捕，送到布拉格附近的集中营。次年，她自愿护送1260个孤儿，以为是前往丹麦。10月7日，他们到了奥斯维辛，当天全都被投进毒气室。奥特拉·卡夫卡的名字在那天的受害者名单上排第6位。

卡夫卡的家庭坟墓角落下有一块牌，纪念埃丽、瓦莉和奥特拉，她们三人全是纳粹暴行的受害者。

在卡夫卡的7个外甥和外甥女中，只有三人幸存，她们是韦拉、海伦和玛丽亚娜。

玛丽亚娜是瓦莉的长女，嫁给了乔治·斯泰纳，逃到了伦敦。1948年，她在伦敦的一家房地产事务所不可思议地遇到了多拉，并且认了出来。得知多拉的经济状况堪忧时，她把舅舅在英国的版权全都送给了她。

菲丽丝·鲍尔

1931年，当纳粹的107个议员进入帝国大厦时，菲丽丝逃离了柏林，与丈夫和两个孩子躲藏到瑞士。她的手提箱里装了数百封信以及弗兰茨发给她的电报。很少有信丢失。信件太多了，也许光是这些信件就装满了一个箱子。在日内瓦，夜间思旧的时候，她是否重读了其中的一些信？或者她对自己说，过去的就让它过去吧，别再重提？

1936年，她觉得犹太人在欧洲的处境太危险，便移民到了美国。临走之前，她租了一个保险箱，用来存放她的信件。这个做生意的女人知道她所掌握的是一笔巨大的财富。她没有忘记马克斯·布罗德像保存圣物一样保存着弗兰茨的任何文字。她的朋友格蕾特·布洛什经过日内瓦时，也把自己的信件并入其中。

这些信件在那个保险箱里沉睡了差不多25年。1955年，菲丽丝把它们"转让"（传略中这样说）给纽约的绍肯图书出版社，但直到1967年，即她去世7年后，卡夫卡去世43年后才发表。像所有的德国犹太人一样，菲丽丝认识出版人萨蒙·绍肯·韦拉格，那是一个富裕的慈善家，在柏林创办了绍肯·韦拉格出版社。1933年希特勒强迫犹太作家只能由犹太出版人出版作品时，马克斯·布罗德马上就与萨蒙·绍肯取得了联系。为了促使他下决心从雅利安人开的出版社里赎回卡夫卡的图书版权（他们已被禁止出售），马克斯把自己所有发表过的作品以及死后将出版的作品的全球版权都交给了他，所以，菲丽丝也只能找这个出版人。

顺便说一句这个不可思议的人物：萨蒙·绍肯被希特勒赶出来之后，首先移民到巴勒斯坦，在那里成立了一家新的出版社，并收购了《国土》日报。1940年他决定移居美国，觉得那才是他应该去的国家，于是把绍肯出版社交给了儿子居斯塔夫。一到美国，萨蒙就受一种巨大的信仰驱使，创办了绍肯图书公司。谁是他的第一个合作者？汉娜·阿伦特。一个德国女移民。

绍肯图书公司1980年被兰登出版社收购，现在成了德国一个出版集团——贝塔斯曼的成员！

菲丽丝也许把她的信和格蕾特托她保管的信交给了埃里希·黑勒和于尔格·波恩，因为这些书信是他们出版的。我们可以想象一下这样的场景：一个上了年纪但一直很坚强的妇女来找这两个人，当着他们的面打开了《变形记》的作者的内心表白和最大秘密，他们都惊呆了，深表怀疑，不敢相信自己的眼睛。我们可以猜想得到他们当时是多么激动，无数个晚上，他们充满激情地辨认这些书信，加以分类。他们看着他一天天走向地狱，走向痛苦，走向强烈的情欲。写作，为了拥有生存的权利。

1955年，卡夫卡已几乎到处被翻译、被纪念。他们意识到这一发现的极大利益，他们是否也问过在特拉维夫的马克斯·布罗德，他是否还有他的朋友的手稿和信件？

菲丽丝在差不多一个世纪前写给弗兰茨的信现在在哪里？是否被销毁了？是被弗兰茨自己销毁的吗？因为他曾在给罗伯特·克洛普施托克的一封信中这样暗示过。在以色列，在马克斯·布罗德收藏的资料中是否还有一些信件？

格蕾特·布洛什

她不像菲丽丝，既没有那样的智慧，也没有那样的运气。她不顾朋友们的反对，躲到了意大利，结果在那里被捕并且被流放。她把卡夫卡的第二部分信交给了佛罗伦萨的一个律师。战后，这个律师把信交给了马克斯·布罗德，布罗德又把它们寄到了纽约的绍肯出版社，总共有60来封信，都发表了。但格蕾特寄给弗兰茨的信我们一封都没见到，弗兰茨曾拒绝把这些信还给她。

尤丽叶·沃特切克

弗兰茨·卡夫卡寄给她的信也许不多，我们一封都没有找到。订婚取消后那几年的事情我们丝毫不知，她在精神病院是怎么死的，我们也不知道。

米莱娜·延申斯卡

1924年，卡夫卡去世那一年，米莱娜离了婚，与一个奥地利伯爵同居，那是一个共产党人。1927年，她嫁给了一个很有才华的建筑师亚罗米尔·克赖捷卡，两人育有一女，叫洪莎。怀孕期间，她得了败血症，痛苦不堪，只得求助于吗啡，后来很难戒毒。

1936年，她与丈夫分手，投身政治，加入了共产党，后因胆敢揭露斯大林的清洗运动而被开除出党。希特勒侵略捷克斯洛伐克时，作为雅利安人的米莱娜在布拉格上街时需携带黄星。这颗黄星缝在她的衣领上，这是因为她公开了与卡夫卡的关系么？

她后来加入了抵抗组织，1940年被盖世太保逮捕，送往拉文斯布吕克，1944年5月17日死在那里。就是在那里的集中营，她把自己的身世和爱情讲给了马加烈·布伯-纽曼听，后者一出狱便写了一本传记《米莱娜》，马加烈太崇拜那个自由而充满魅力的女人了。米莱娜这个名字永远与卡夫卡的名字联系在了一起。

《致米莱娜的信》是卡夫卡最先发表的书信，比《致菲丽丝的信》要早得多。米莱娜把书信交给了出版商维利·哈斯，那是她的密友雅米娜的丈夫。1952年的那个版本并不完整，1981年作了修改，定版于1983年出版。

卡夫卡去世的时候，米莱娜在布拉格的报纸《国民报》发表了一篇死者传略：

"前天，1924年6月3日，生活在布拉格的德国作家弗兰茨·卡夫卡，在维也纳附近的基尔林疗养院去世。这里很少有人知道他，因为他独往独来，害怕这个世界。疾病使他变得异常敏感，他的思想深邃得世上罕见，到了令人可怕的地步。他害羞、不安、温柔、善良，但他写的书，年轻的德国文学中最重要的作品，却残酷而痛苦。他看见这个世界满是无形的魔鬼，他们杀戮了毫无自卫能力的人类。他太清醒，太诚实了，无法在这个世界上生存下去；他的身体太弱了，无法与之搏斗。他属于那些早就知道自己无力而屈从的人，所以，让胜利者赢了也不光荣。他的书充满无情的讽刺，描写了不被理解和无辜犯错有多可怕。这是一个艺术家，他在聋子以为安全的地方依然在听。"

多拉·迪亚曼特或迪曼特

她的一生反映了她那个时代的历史动荡，也反映了共产党和犹太共产党的苦难，他们受到了希特勒和斯大林的迫害。

多拉在波兰短暂停留之后，回到了柏林，在那里学戏剧艺术。1929年，她加入了共产党，遇到了一个马克思主义经济学家，叫吕兹·拉斯克，两人于1932年结婚，不久生下一个女儿玛丽亚娜。拉斯克后来被盖世太保逮捕，他逃了出来，与多拉和玛丽亚娜躲到莫斯科。斯大林把他关在西伯利亚的一个集中营里，他20年后才回来，身体垮了，眼睛也基本瞎了，但仍坚持马克思主义！他的解放应该感谢他母亲不懈的努力，20年来，她不断给苏联共产党的所有权力部门和东德部长会议主席写信。

多拉与丈夫分手后定居在塞瓦斯托波尔和雅尔塔，此后便没有再见到过丈夫。1938年，她带着女儿，成功地来到瑞士，后来又到了拉艾，从那儿去了英国：她被当做一个"外国女敌人"，被关在马恩岛。1942年被释后，住在伦敦，从事过许多职业（裁缝、厨娘、戏剧评论家）。

1950年，应特拉维夫市议会之邀，多拉去了以色列，靠卡夫卡的英语版税，在那里待了4个月。她见了马克斯·布罗德，后者再次要求她把她拥有的卡夫卡的手稿和信件交给他。她再次拒绝，她答应过弗兰茨，要把他写的东西都烧掉。

在以色列，她发现逃出地狱的新移民阅读卡夫卡的方式与欧洲人不一样：他们从他的著作中得到了安慰和勇气，他们很快就能完全地读懂他。

在回去的路上，她在巴黎作了停留，在那里遇到了让-路易·巴洛：他正在马利尼剧院演出安德烈·纪德改编的《审判》。她同时也认识了正想把卡夫卡的《日记》译成法语的马尔特·罗贝尔，两个女人成了好朋友。马尔特·罗贝尔多次去伦敦多拉家里，听她谈论卡夫卡。

由于念念不忘旧事，多拉在激情冲动之下把它们写了出来。1952年，《多拉·迪曼特关于卡夫卡未发表过的记录》由埃维当斯出版社出版。

1952年8月，多拉在赤贫中死去，终年43岁，葬礼15日在伦敦举行。马尔特·罗贝尔是少数几个参加葬礼的人之一。今天，我们还可在她的墓碑上读到罗伯特·克洛普施托克的一句话:"认识多拉,才知道什么叫爱情。"

卡夫卡的35封信,"他的宝藏",20个笔记本以及许多活页被前来查封其寓所的盖世太保抢走。多拉非常后悔没有能把它们抢救下来,她本来可以把它们交给马克斯的。

直到今天,尽管搜寻多年,我们还是没能找回那些文字。

关于多拉,我们有她写给马克斯·布罗德的信和她写给马尔特·罗贝尔的信,但没有她写给弗兰茨的任何信。

马克斯·布罗德

1939年3月14日,他在妻子爱尔丝的陪同下离开了布拉格。他所坐的火车刚离开5分钟,纳粹军人就关闭了捷克边界。他年轻的时候就是个犹太复国主义者,放弃了美国一家大学提供给他的职位,那是托马斯·曼给他介绍的。他去了巴勒斯坦,带走了弗兰茨的手稿、信件、记录本、13个蓝封面的笔记本和在卡夫卡的书房里找到的图画和草稿。在赫尔曼和朱丽·卡夫卡的请求下,他把那些东西全都收集在了一起。

马克斯·布罗德是个多产的作家(83部作品),移民到特拉维夫后,他成了著名的哈比玛剧院(1918年成立于莫斯科,目的是保护希伯来语言和文化)的文学顾问。

　　马克斯在1968年12月20日去世之前，一直致力于整理卡夫卡随手乱扔的小说章节、文章和记录，那真是一项艰难的工作，他从整理弗兰茨的笔记开始，两头入手。

　　多亏了他，萨蒙·绍肯才在1925年出版了《审判》、1926年出版了《城堡》、1927年出版了《美国》。10年后，马克斯发表了他给朋友写的传记《弗兰茨·卡夫卡》，这是他的著作中唯一经久不衰的作品，他像卫星一样，继续围绕着"开辟道路的人"转动，他们的命运永远联系在了一起。

　　1948年（卡夫卡已被译成了希伯来语），马克斯获得了比亚里克奖，那是以色列最高的文学奖之一。

　　画布上出现了一个阴影，宣告暴风雨的来临：马克斯要求绍肯把卡夫卡死后出版的三部小说的手稿还给他，出版商拒绝了，为了躲避中东的血腥冲突，绍肯把它们锁在了瑞士的保险柜里，两人由此不和。

　　1960年，一个新的人物闯进了舞台，那是一个英国男爵，出生在离布拉格和特拉维夫都很远的拉杰果特，那是印度的一个小城市。马尔科姆·帕斯利先生被任命为牛津大学德国文学教授，当他开始研究卡夫卡时，他说，他喜欢卡夫卡，就像喜欢自己的弟弟一样，他的一个叫麦克尔·斯泰纳的学生告诉他，自己是那位作家的侄孙，他母亲玛丽亚娜住在伦敦，跟翻译他舅舅作品的英文翻译埃德温和维拉·穆尔是朋友。然而，帕斯利先生相信布罗德的修改歪曲了原著，

1961年，在卡夫卡的遗产继承人玛丽亚娜、韦拉和海伦的许可下，他把寄存在瑞士的三分之二手稿（其中包括13本《日记》）放在汽车的后备厢里，带到了英国。那段往事太让人痛苦了，帕斯利先生一路上都感到毛骨悚然。他把那些宝贝交给了牛津大学图书馆，那些手稿从此以后得到了妥善的保管。在一些杰出的专家（其中包括于尔根·波恩）的帮助下，人们修复了一些原稿和非常特别的标点。《日记》的英文版比德文版完整，现在依然如此。

我们再回头谈谈马克斯·布罗德，可以想象得到，他生气了，而且受到越来越猛烈的批评：他没有根据他的朋友的意愿烧毁其著作，有人说他进行了删节，改变了章节的次序，自己可能也写了几部分，对他的指责越来越多……

马克斯没有孩子，便把自己所拥有的卡夫卡的作品，尤其是《审判》，都留给了他的秘书兼情妇埃斯泰尔·霍夫。在索斯比组织的一次拍卖中，埃斯泰尔把这些手稿卖给了德国文学档案馆[①]，获1900万美元。先前，在德国的一次私人拍卖中，她已经卖掉了卡夫卡写给布罗德的22封信和10张明信片。

2007年，101岁的埃斯泰尔·霍夫去世时，把自己的"财

---

① 这些手稿的复制品1998年由斯特罗姆费尔德·韦拉格出版。——原注

富"转让给她的两个女儿埃娃和罗丝。

以色列当局反对这一遗赠，向这两个遗产继承人提出了诉讼。

于是，卡夫卡的最后一场诉讼开始了。

这场诉讼，像约瑟夫·K的诉讼一样，动用了数十名律师。

70多岁的埃娃是个单身女人，仍然住在特拉维夫斯宾诺莎路23号她母亲简陋的公寓里。诉讼一开始，来自世界各地的记者就日夜纠缠着她。在她阴暗的两居室里，一堆堆的案卷从地上堆到了天花板。一百多只猫围着卡夫卡的手稿喵喵地叫，它们似乎发现，弄脏这些纸张的人害怕它们冰冷的眼睛和锋利的爪子。这些动物的臭味一直传到了马路角落，不断引来投诉和警察的到访。

任何记者来按门铃埃娃都不开门，其中的一个记者，埃尔夫·巴士曼，在2010年7月的《纽约时报》上发表了一篇文章，把她比作是守卫法律的一个哨兵（《审判》第9章）。那个哨兵一天天、一月月、一年年，不允许任何人进去。

像K一样，埃娃败了官司：卡夫卡沉睡在苏黎世和特拉维夫的"纸张"从此归以色列国家所有。2010年7月，十个保险柜里的东西都被拿了出来。人们在里面找到了什么？秘密很快就会揭晓。

恩斯特·魏斯

这是个外科医生，也是个有才能的作家，1933年初移民到法国，希特勒攻进巴黎的那天，他头上挨了一颗子弹。

弗兰茨·韦费尔

他是阿尔玛·马勒①（作曲家死后，她嫁给了奥斯卡·科柯施卡，之后又与瓦尔特·格罗皮乌斯结婚）的第4任丈夫。韦费尔是个成功的作家，巴黎被德国占领后离开法国，后与许多艺术家和作家成功抵达美国，住在加利福尼亚州。《贝纳黛特之歌》，然后是《雅可波斯基和上校》（被改编成了电影）给他带来了声誉。他死于1945年8月25日（恰好在德国投降之后），终年56岁。阿尔玛的朋友，奥托·克伦佩雷、伊戈尔·斯特文斯基、奥托·布鲁诺·瓦尔特和托马斯·曼的儿子们都去给他送葬了，而阿尔玛却把自己关在家里。

---

① 奥地利作曲家古斯塔夫·马勒（1860-1911）的遗孀。——译注

卡夫卡年表

1883 年　生于布拉格的一个犹太商人家里。

1893 年　小学毕业。

1901 年　布拉格德国高等学院毕业。

1901 年　升读布拉格德语大学，初修德国文学，后转法律系
　　　　专攻法律。

1902 年　结识马克斯·布罗德，后者成了他最亲密的朋友。

1906 年　在布拉格的德国大学获法律博士学位，在布拉格
　　　　刑事法庭和民事法庭实习。

1907 年　入意大利一家保险公司工作。

1908 年　转职半官方机构劳工意外保险局。

1912 年　与柏林女子菲丽丝·鲍尔相遇，创作长篇小说《失
　　　　踪者》(《美国》)。

1913 年　《诉讼》和《司炉》(即《失踪者》中第一章)发表。

1914 年　在柏林与菲丽丝·鲍尔第一次订婚；写下《城堡》。

1915 年　出版《变形记》。

1917年　7月与菲丽丝·鲍尔第二次订婚；8月，开始吐血，9月4日经医生诊断确定为肺结核，居住在屈劳他的妹妹奥特拉家；12月，与菲丽丝·鲍尔第二次解除婚约。

1918年　初识尤丽叶·沃里切克；写出《中国长城建造时》和《煤桶骑士》。

1919年　与布拉格的一个秘书尤丽叶订婚，11月又解除婚约；写出《致父亲的信》；《乡村医生》短篇小说集在库尔特·沃尔夫出版社出版。

1920年　与捷克记者兼作家米莱娜·延申斯卡互通情书，再度陷入情网。

1921年　开始写作《饥饿艺术家》小说集里的故事。

1923年　与多拉·迪亚曼特相遇，前往柏林10月底两人同居；完成《地洞》。

1924年　完成他最后一篇小说《女歌手约瑟芬妮或耗子民族》。因肺结核和营养不良死于奥地利的基尔林。

后　记

　　我还记得，我在丹麦的海勒欧岛上度过的第一年，那时，我住在斯洛茨索湖边的一栋房子里，湖水中倒映着菲特列堡，青铜的顶，八座塔楼刺破蓝天。我从早到晚不知疲倦地听着我当时仅有的一张密纹唱片，那是古斯塔夫·马勒的《第四交响曲》。我没有音乐的耳朵，但一听到那个旋律，我就知道那是马勒的作品。许多年过去了，直到今天还是如此。要深入一部作品，我得长期去听，去读。

　　不知多少年前，我就听过弗兰茨·卡夫卡。《致父亲的信》我百读不厌，并常常推荐给别人，还多次听人在舞台上朗诵过。

　　卡夫卡是世界上被人写过最多的作家之一，现在每年还有几百本书在写他，以至于关于卡夫卡的文学成了一个研究课题，这是文学史上罕见的现象。原先是研究"卡夫卡的作品有什么意义？"现在却是"关于卡夫卡的作品有何意义？"

　　人们大量阅读关于《变形记》、《城堡》和《诉讼》的作者的一切，而不是阅读他的著作，或者说读得很少。《城堡》让我们心里不安，《诉讼》勾起我们不愉快的回忆，《变形记》让他的朋友们发笑，却让我们落泪。

那我为什么还要再写一本关于这个作家的书？这个念头从何而来？

皮埃罗·西塔蒂在他的《卡夫卡》中，用三行字讲述了一个我以前所不知道的轶事：在柏林的一个公园里，卡夫卡遇到了一个小女孩在哭泣，她弄丢了布娃娃。在许多天里，我都在想这场相遇，想他为了安慰小女孩而写给她的二十多封信。我花了很多时间编写了一个故事《卡夫卡和布娃娃》。我寻思：谁是这个多拉？她讲述了她的未婚夫一直瞒着她的这场相遇和这二十来封信。

有个朋友送我一套卡夫卡全集，是"七星文库"版的，四大卷，里面有许多重量级的批评武器。我主要读了《日记》、《致菲丽丝的信》、《致米莱娜的信》和《致家人和朋友的信》。我津津有味地把他在同一天写给菲里丝、奥特拉和马克斯的信加以比较，品尝着不同的语气：他写给第一个未婚妻的信里充满了怨气，给妹妹的回信则活泼有趣，柔情似水，而向朋友求助的信则坚决、简洁、充满讽刺和友谊。比如，他向许多人讲述"老鼠之夜"时，进行了文体练习，故事和节奏都有所不同。他兴致勃勃地把这生活中的片段，把那些图像刻在记忆的底片上，我们感觉到了他的快乐。肉体上的快乐。

他的书信比他的《日记》更丰富，也更多，它向我们揭示了弗兰茨的日常生活（是的，我直呼其名）。这是他步履匆匆走过的小路，这是他头顶的扁平狭窄草帽，这是他到那里的老橡树底下读克莱斯特或斯特林堡的肖泰克公园，这是上来迎接他的希伯来语老师，老师抱着照片放大器，由于太重，腰都弯了。夜幕降临时，弗兰茨推开意第绪剧院的大门，往大厅里扫了一眼，然后在他的小本子上记了几行字："肩膀想从一条没有袒胸低领的裙子中露出来"，"一张布满灰尘的脸"。

现在，他在如此繁忙的保险公司办公室里，用比夏洛特还幽默的口吻抱怨道，"在瓷器厂里，所有的女孩都抱着山一样高的碗碟，不断地冲向楼梯。"

我看见他在电影院里哭，看见他在阿尔科咖啡馆与朋友们重逢，郁郁寡欢地在家里与父母一道吃饭，星期天烦闷地长时间捋着自己头发。我跟随着他的每次旅行。我看到巴黎某些街区的屋顶并非今天的样子，而是他的《旅行笔记》中所描写的那个样子。

菲丽丝、尤丽叶、米莱娜和多拉写给爱她们的那个男人的信，我们一封也没看到。很少女人能受到这种追逐。我们没有她们写的任何一行字，除了米莱娜寄给卡夫卡的密友马克斯·布罗德的 8 封信。但卡夫卡敏锐地捕捉到了她们的形象、激情、气恼、苛刻、需求和恐惧，以至于她们成了他当着我们的面所拍摄的影片中的明星。我们追随着她们冲锋和后退，羡慕她们激起的爱，抱怨她们，恨她们，但面对一个不写作就会发疯的男人，我要是她们，我又会怎么做？

他的书信，是一颗正在破碎的心的心动图，听着它们，我发现他最在意、最爱的女人，不是米莱娜，也不是多拉，而是他最小的妹妹奥特拉。当他肺结核发作，他不是匆匆地躲到了妹妹在查泽的家中，在那里度过了他一生中最平静的8个月吗？

★　★　★

我从剧本开始写。一写完，我就挠头了。不满意。我走错路了。于是一切都重新开始，重新阅读和写作。完全是同样的主题，关于那个奇特之人的奇特爱情。从他遇到菲丽丝的那天晚上一直写到他的最后一天。

我试图让人物都活起来，让他互相对话，所以离传统的传记越来越远。我想见见弗兰茨，想听他说话，我仿佛在读他的信的过程中已经见过他，听到过他说话。他敏感、不安、专注、慷慨、让人难以忍受、妒忌心强、苛求、失眠，离开了文学便会产生罪恶感。

两年前，我就写完了《恋爱中的卡夫卡》，但我继续光顾卡夫卡之家，它与我的家太相像了。我们没有在布拉格居住过（我还从来没有去过那里），而是居住在突尼斯的一个小城市里。我母亲比赫尔曼·卡夫卡还糟，我父亲呢，没朱丽那么好，他只传递给我他对妻子的恐惧。我们也同样，只有在赎罪日之夜才会去犹太教堂。我们的公寓又小又挤，比卡夫卡家还要吵闹。我同样几乎每天都去游泳，并且尝到过生病的甜头。

如果我补充说我婚前的名字叫"卡娅"①，你们就会明白我为什么没有使用成百上千本关于弗兰茨·卡夫卡的书。我没完没了，永远没完地破译他的作品，那是延续了近一个世纪的谜。

2012年5月，我第四次去北京参观著名的中国长城。那天晚上我所下榻的长城饭店美轮美奂，对面就是林木丛生的山脉，壮观极了。城墙沿陡峭的山坡而建，高高地往上蜿蜒，消失在云雾中。天际，人迹罕至。

我沿着小路往上爬，小路很陡，布满了砾石，这样做是为了用手和脚触摸这一比埃及的金字塔更神奇、更不可思议的建筑。我一边爬，一边试图回忆起卡夫卡的那部中篇小说《中国长城建造时》。

回到酒店，我查看了我的电子邮件，其中有一封是用法语写的，写信者是一个叫彼特·马克的美国人，魏斯里安的大学教授。他告诉我，他的一个好友，亨利·马拉斯，是

---

① 作者婚前名卡娅（Khayat）与卡夫卡（Kafka）的名字中都有字母K。——译注

个学问很深的心理分析医生，好像是……菲丽<u>丝</u>·鲍尔的儿子！卡夫卡从来没有像那个时候那样离我那么近。

几天后，彼特·马克告诉我，亨利·马拉斯曾帮助菲丽丝卖掉了她所拥有的几百封信，但保存了卡夫卡送给她母亲和题赠给她母亲的所有书籍。我只有一个愿望，就是去见菲丽丝的儿子，听那个心理分析医生讲述他的母亲。就在我计划去纽约的时候，彼特（现在成了我的一个朋友）十分伤心地告诉我，亨利刚刚去世，终年91岁。

如果我数一数卡夫卡安排在我的道路上的人，我心里会想，那些书就像是垒砌中国长城的石块。它们穿越空间，填满缺口，互相连接，让想象飞扬，保护我们不受蛮人的入侵。

雅克琳娜·拉乌–杜瓦尔

图书在版编目（CIP）数据

恋爱中的卡夫卡 / (法) 拉苏尔-杜瓦尔著　彭怡译.
— 深圳: 海天出版社, 2014.01
　ISBN 978-7-5507-0905-8

　Ⅰ. ①恋… Ⅱ. ①拉… ②彭… Ⅲ. ①卡夫卡,
F.（1883~1924）–生平事迹 Ⅳ. ①K835.215.6

中国版本图书馆CIP数据核字(2013)第270200号

版权登记号　图字19-2013-172

Jacqueline Raoul–Duval
Kafka, l'éternel fiancé
©Flammarion, 2011

恋爱中的卡夫卡
LIANAI ZHONG DE KAFUKA

出 品 人	陈新亮
责任编辑	胡小跃
责任校对	梁　萍
责任技编	蔡梅琴
装帧设计	龙墨文化 0755-83461000

出版发行	海天出版社
地　　址	深圳市彩田南路海天综合大厦　（518033）
网　　址	www.htph.com.cn
订购电话	0755–83460293(批发)　83460397(邮购)
设计制作	深圳市龙墨文化传播有限公司（电话: 0755–83461000）
印　　刷	深圳市新联美术印刷有限公司
开　　本	889mm×1194mm　1/32
印　　张	7.5
字　　数	150千
版　　次	2014年1月第1版
印　　次	2014年1月第1次
定　　价	33.00元